BIELORRUSSO
VOCABULÁRIO

PORTUGUÊS BRASILEIRO

PORTUGUÊS
BIELORRUSSO

Para alargar o seu léxico e apurar
as suas competências linguísticas

5000 palavras

Vocabulário Português Brasileiro-Bielorrusso - 5000 palavras

Por Andrey Taranov

Os vocabulários da T&P Books destinam-se a ajudar a aprender, a memorizar, e a rever palavras estrangeiras. O dicionário é dividido em temas, cobrindo todas as principais esferas de atividades quotidianas, negócios, ciência, cultura, etc.

O processo de aprendizagem, utilizando os dicionários baseados em temáticas da T&P Books dá-lhe as seguintes vantagens:

- Informação de origem corretamente agrupada predetermina o sucesso em fases subsequentes da memorização de palavras
- Disponibilização de palavras derivadas da mesma raiz, o que permite a memorização de unidades de texto (em vez de palavras separadas)
- Pequenas unidades de palavras facilitam o processo de estabelecimento de vínculos associativos necessários para a consolidação do vocabulário
- O nível de conhecimento da língua pode ser estimado pelo número de palavras aprendidas

T&P Books Publishing
www.tpbooks.com

ISBN: 978-1-78767-364-9

Este livro também está disponível em formato E-book.
Por favor visite www.tpbooks.com ou as principais livrarias on-line.

VOCABULÁRIO BIELORRUSSO
palavras mais úteis

Os vocabulários da T&P Books destinam-se a ajudar a aprender, a memorizar, e a rever palavras estrangeiras. O vocabulário contém mais de 5000 palavras de uso comum organizadas tematicamente.

O vocabulário contém as palavras mais comummente usadas
Recomendado como adicional para qualquer curso de línguas
Satisfaz as necessidades dos iniciados e dos alunos avançados de línguas estrangeiras
Conveniente para o uso diário, sessões de revisão e atividades de auto-teste
Permite avaliar o seu vocabulário

Características especias do vocabulário

- As palavras estão organizadas de acordo com o seu significado, e não por ordem alfabética
- As palavras são apresentadas em três colunas para facilitar os processos de revisão e auto-teste
- As palavras compostas são divididas em pequenos blocos para facilitar o processo de aprendizagem
- O vocabulário oferece uma transcrição simples e adequada de cada palavra estrangeira

O vocabulário contém 155 tópicos incluindo:

Conceitos básicos, Números, Cores, Meses, Estações do ano, Unidades de medida, Roupas & Acessórios, Alimentos & Nutrição, Restaurante, Membros da Família, Parentes, Caráter, Sentimentos, Emoções, Doenças, Cidade, Passeios, Compras, Dinheiro, Casa, Lar, Escritório, Trabalho no Escritório, Importação & Exportação, Marketing, Pesquisa de Emprego, Esportes, Educação, Computador, Internet, Ferramentas, Natureza, Países, Nacionalidades e muito mais ...

TABELA DE CONTEÚDOS

GUIA DE PRONUNCIAÇÃO

Letra	Exemplo Bielorrusso	Alfabeto fonético T&P	Exemplo Português
А а	Англія	[a]	chamar
Б б	бульба	[b]	barril
В в	вечар	[v]	fava
Г г	галава	[ɦ]	agora
Д д	дзіця	[d]	dentista
Дж дж	джаз	[ʤ]	adjetivo
Е е	метр	[ɛ]	mesquita
Ё ё	вясёлы	[jɔ]	ioga
Ж ж	жыццё	[ʒ]	talvez
З з	заўтра	[z]	sésamo
І і	нізкі	[i]	sinônimo
Й й	англійскі	[j]	Vietnã
К к	красавік	[k]	aquilo
Л л	лінія	[l]	libra
М м	камень	[m]	magnólia
Н н	Новы год	[n]	natureza
О о	опера	[ɔ]	emboço
П п	піва	[p]	presente
Р р	морква	[r]	riscar
С с	соль	[s]	sanita
Т т	трус	[t]	tulipa
У у	ізумруд	[u]	bonita
Ў ў	каўбаса	[w]	página web
Ф ф	футра	[f]	safári
Х х	захад	[h]	[h] aspirada
Ц ц	цэнтр	[ts]	tsé-tsé
Ч ч	пачатак	[ʧ], [ɕ]	Tchau!
Ш ш	штодня	[ʃ]	mês
Ь ь	попельніца	[ʲ]	sinal suave
Ы ы	рыжы	[ɨ]	sinônimo
'	сузор'е	[ʺ]	sinal forte
Э э	Грэцыя	[ɛ]	mesquita
Ю ю	плюс	[ʉ]	nacional
Я я	трусяня	[ja], [ʲa]	Himalaias

Combinações de letras

дз	дзень	[dz]	pizza
дзь	лебедзь	[dʑ]	tajique
дж	джаз	[ʤ]	adjetivo

ABREVIATURAS
usadas no vocabulário

Abreviaturas do Português

adj	-	adjetivo
adv	-	advérbio
anim.	-	animado
conj.	-	conjunção
desp.	-	esporte
etc.	-	Etcetera
ex.	-	por exemplo
f	-	nome feminino
f pl	-	feminino plural
fem.	-	feminino
inanim.	-	inanimado
m	-	nome masculino
m pl	-	masculino plural
m, f	-	masculino, feminino
masc.	-	masculino
mat.	-	matemática
mil.	-	militar
pl	-	plural
prep.	-	preposição
pron.	-	pronome
sb.	-	sobre
sing.	-	singular
v aux	-	verbo auxiliar
vi	-	verbo intransitivo
vi, vt	-	verbo intransitivo, transitivo
vr	-	verbo reflexivo
vt	-	verbo transitivo

Abreviaturas do Bielorrusso

ж	-	nome feminino
ж мн	-	feminino plural
м	-	nome masculino
м мн	-	masculino plural
м, ж	-	masculino, feminino
мн	-	plural
н	-	neutro
н мн	-	neutro plural

CONCEITOS BÁSICOS

Conceitos básicos. Parte 1

1. Pronomes

eu	я	[ˈa]
você	ты	[tɨ]
ele	ён	[ˈon]
ela	яна	[ˈaˈna]
ele, ela (neutro)	яно	[ˈaˈnɔ]
nós	мы	[ˈmɨ]
vocês	вы	[ˈvɨ]
eles, elas	яны	[ˈaˈnɨ]

2. Cumprimentos. Saudações. Despedidas

Oi!	Вітаю!	[viˈtau]
Olá!	Вітаю вас!	[viˈtau vas]
Bom dia!	Добрай раніцы!	[dobraj ˈranitsɨ]
Boa tarde!	Добры дзень!	[dɔbrɨ ˈdzenʲ]
Boa noite!	Добры вечар!	[dɔbrɨ ˈvetʃar]
cumprimentar (vt)	вітацца	[viˈtatsa]
Oi!	Прывітанне!	[priviˈtanne]
saudação (f)	прывітанне (н)	[priviˈtanne]
saudar (vt)	вітаць	[viˈtatsʲ]
Tudo bem?	Як маецеся?	[ˈak ˈmaetsesʲa]
E aí, novidades?	Што новага?	[ʃtɔ ˈnɔvaɦa]
Tchau! Até logo!	Да пабачэння!	[da pabaˈtʃɛnnʲa]
Tchau!	Да пабачэння!	[da pabaˈtʃɛnnʲa]
Até logo!	Бывай!	[bɨˈvaj]
Até breve!	Да хуткай сустрэчы!	[da ˈhutkaj susˈtrɛtʃɨ]
Adeus! (sing.)	Бывай!	[bɨˈvaj]
Adeus! (pl)	Бывайце!	[bɨˈvajtse]
despedir-se (dizer adeus)	развітвацца	[razˈvitvatsa]
Até mais!	Пакуль!	[paˈkulʲ]
Obrigado! -a!	Дзякуй!	[ˈdzʲakuj]
Muito obrigado! -a!	Вялікі дзякуй!	[vʲaˈliki ˈdzʲakuj]
De nada	Калі ласка.	[kaˈli ˈlaska]
Não tem de quê	Не варта падзякі	[nʲa ˈvarta paˈdzʲaki]
Não foi nada!	Няма за што.	[nʲaˈma za ˈʃtɔ]
Desculpa!	Прабач!	[praˈbatʃ]

| Desculpe! | Прабачце! | [pra'batʃtse] |
| desculpar (vt) | прабачаць | [praba'tʃatsʲ] |

desculpar-se (vr)	прасіць прабачэння	[pra'sitsʲ praba'tʃɛnnʲa]
Me desculpe	Прашу прабачэння	[pra'ʃu praba'tʃɛnnʲa]
Desculpe!	Выбачайце!	[viba'tʃajtse]
perdoar (vt)	выбачаць	[viba'tʃatsʲ]
Não faz mal	Нічога страшнага.	[ni'tʃoɣa 'straʃnaɣa]
por favor	калі ласка	[ka'li 'laska]

Não se esqueça!	Не забудзьце!	[ne za'butsʲe]
Com certeza!	Вядома!	[vʲa'dɔma]
Claro que não!	Вядома, не!	[vʲa'dɔma, 'ne]
Está bem! De acordo!	Згодзен!	['zɦɔdzen]
Chega!	Хопіць!	['hɔpitsʲ]

3. Como se dirigir a alguém

Desculpe ...	Прабачце, ...	[pra'batʃtse, ...]
senhor	Спадар	[spa'dar]
senhora	Спадарыня	[spa'darinʲa]
senhorita	Спадарыня	[spa'darinʲa]
jovem	Малады чалавек	[mala'di tʃala'vek]
menino	Хлопчык	['hlɔptʃik]
menina	Дзяўчынка	[dzʲaw'tʃinka]

4. Números cardinais. Parte 1

zero	нуль (м)	['nulʲ]
um	адзін	[a'dzin]
dois	два	['dva]
três	тры	['tri]
quatro	чатыры	[tʃa'tiri]

cinco	пяць	['pʲatsʲ]
seis	шэсць	['ʃɛstsʲ]
sete	сем	['sem]
oito	восем	['vɔsem]
nove	дзевяць	['dzevʲatsʲ]

dez	дзесяць	['dzesʲatsʲ]
onze	адзінаццаць	[adzi'natsatsʲ]
doze	дванаццаць	[dva'natsatsʲ]
treze	трынаццаць	[tri'natsatsʲ]
catorze	чатырнаццаць	[tʃatir'natsatsʲ]

quinze	пятнаццаць	[pʲat'natsatsʲ]
dezesseis	шаснаццаць	[ʃas'natsatsʲ]
dezessete	семнаццаць	[sʲam'natsatsʲ]
dezoito	васемнаццаць	[vasʲam'natsatsʲ]
dezenove	дзевятнаццаць	[dzevʲat'natsatsʲ]
vinte	дваццаць	['dvatsatsʲ]

vinte e um	дваццаць адзін	[dvatsatsʲ a'dzin]
vinte e dois	дваццаць два	[dvatsatsʲ 'dva]
vinte e três	дваццаць тры	[dvatsatsʲ 'tri]

trinta	трыццаць	['tritsatsʲ]
trinta e um	трыццаць адзін	[tritsatsʲ a'dzin]
trinta e dois	трыццаць два	[tritsatsʲ 'dva]
trinta e três	трыццаць тры	[tritsatsʲ 'tri]

quarenta	сорак	['sɔrak]
quarenta e um	сорак адзін	[sɔrak a'dzin]
quarenta e dois	сорак два	[sɔrak 'dva]
quarenta e três	сорак тры	[sɔrak 'tri]

cinquenta	пяцьдзесят	[pʲadzʲa'sʲat]
cinquenta e um	пяцьдзесят адзін	[pʲadzʲa'sʲat a'dzin]
cinquenta e dois	пяцьдзесят два	[pʲadzʲa'sʲat 'dva]
cinquenta e três	пяцьдзесят тры	[pʲadzʲa'sʲat 'tri]

sessenta	шэсцьдзесят	['ʃɛzʲdzesʲat]
sessenta e um	шэсцьдзесят адзін	[ʃɛzʲdzesʲat a'dzin]
sessenta e dois	шэсцьдзесят два	[ʃɛzʲdzesʲat 'dva]
sessenta e três	шэсцьдзесят тры	[ʃɛzʲdzesʲat 'tri]

setenta	семдзесят	['semdzesʲat]
setenta e um	семдзесят адзін	[semdzesʲat a'dzin]
setenta e dois	семдзесят два	[semdzesʲat 'dva]
setenta e três	семдзесят тры	[semdzesʲat 'tri]

oitenta	восемдзесят	['vɔsemdzesʲat]
oitenta e um	восемдзесят адзін	[vɔsemdzesʲat a'dzin]
oitenta e dois	восемдзесят два	[vɔsemdzesʲat 'dva]
oitenta e três	восемдзесят тры	[vɔsemdzesʲat 'tri]

noventa	дзевяноста	[dzevʲa'nɔsta]
noventa e um	дзевяноста адзін	[dzevʲa'nɔsta a'dzin]
noventa e dois	дзевяноста два	[dzevʲa'nɔsta 'dva]
noventa e três	дзевяноста тры	[dzevʲa'nɔsta 'tri]

5. Números cardinais. Parte 2

cem	сто	['stɔ]
duzentos	дзвесце	[dzʲ'vesʲtse]
trezentos	трыста	['trista]
quatrocentos	чатырыста	[tʃa'tirista]
quinhentos	пяцьсот	[pʲatsʲ'sɔt]

seiscentos	шэсцьсот	[ʃɛstsʲ'sɔt]
setecentos	семсот	[sem'sɔt]
oitocentos	восемсот	[vɔsem'sɔt]
novecentos	дзевяцьсот	[dzevʲatsʲ'sɔt]

| mil | тысяча | ['tisʲatʃa] |
| dois mil | дзве тысячы | ['dzʲve 'tisʲatʃi] |

três mil	тры тысячы	['tri 'tisⁱatʃi]
dez mil	дзесяць тысяч	['dzesⁱatsⁱ 'tisⁱatʃ]
cem mil	сто тысяч	['sto 'tisⁱatʃ]
um milhão	мільён (м)	[mi'ljon]
um bilhão	мільярд (м)	[mi'lⁱart]

6. Números ordinais

primeiro (adj)	першы	['perʃi]
segundo (adj)	другі	[dru'hi]
terceiro (adj)	трэці	['trɛtsi]
quarto (adj)	чацвёрты	[tʃats'vⁱorti]
quinto (adj)	пяты	['pⁱati]
sexto (adj)	шосты	['ʃosti]
sétimo (adj)	сёмы	['sⁱomi]
oitavo (adj)	восьмы	['vosⁱmi]
nono (adj)	дзевяты	[dzⁱa'vⁱati]
décimo (adj)	дзесяты	[dzⁱa'sⁱati]

7. Números. Frações

fração (f)	дроб (м)	['drop]
um meio	адна другая	[ad'na dru'haⁱa]
um terço	адна трэцяя	[ad'na 'trɛtsæⁱa]
um quarto	адна чацвёртая	[ad'na tʃats'vⁱortaⁱa]
um oitavo	адна восьмая	[ad'na 'vosⁱmaⁱa]
um décimo	адна дзесятая	[ad'na dzⁱa'sⁱataⁱa]
dois terços	дзве трэція	['dzⁱve 'trɛtsiⁱa]
três quartos	тры чацвёртыя	['tri tʃats'vⁱortiⁱa]

8. Números. Operações básicas

subtração (f)	адніманне (н)	[adni'manne]
subtrair (vi, vt)	аднімаць	[adni'matsⁱ]
divisão (f)	дзяленне (н)	[dzⁱa'lenne]
dividir (vt)	дзяліць	[dzⁱa'litsⁱ]
adição (f)	складанне (н)	[skla'danne]
somar (vt)	скласці	['sklasⁱtsi]
adicionar (vt)	прыбаўляць	[pribaw'lⁱatsⁱ]
multiplicação (f)	множанне (н)	['mnoʒanne]
multiplicar (vt)	памнажаць	[pamna'ʒatsⁱ]

9. Números. Diversos

algarismo, dígito (m)	лічба (ж)	['lidʒba]
número (m)	лік (м)	['lik]

numeral (m)	лічэбнік (м)	[li'ʧɛbnik]
menos (m)	мінус (м)	['minus]
mais (m)	плюс (м)	['plus]
fórmula (f)	формула (ж)	['fɔrmula]

cálculo (m)	вылічэнне (н)	[vili'ʧɛnne]
contar (vt)	лічыць	[li'ʧits']
calcular (vt)	падлічваць	[pad'liʧvats']
comparar (vt)	параўноўваць	[paraw'nɔwvats']

Quanto, -os, -as?	Колькі?	['kɔlʲki]
soma (f)	сума (ж)	['suma]
resultado (m)	вынік (м)	['vinik]
resto (m)	астача (ж)	[as'taʧa]

alguns, algumas ...	некалькі	['nekalʲki]
pouco (~ tempo)	нямнога	[nʲam'nɔɦa]
resto (m)	астатняе (н)	[as'tatnʲae]
um e meio	паўтара	[pawta'ra]
dúzia (f)	тузін (м)	['tuzin]

ao meio	напалову	[napa'lɔvu]
em partes iguais	пароўну	[pa'rɔwnu]
metade (f)	палова (ж)	[pa'lɔva]
vez (f)	раз (м)	['ras]

10. Os verbos mais importantes. Parte 1

abrir (vt)	адчыняць	[atʃi'nʲats']
acabar, terminar (vt)	заканчваць	[za'kanʧvats']
aconselhar (vt)	раіць	['raits']
adivinhar (vt)	адгадаць	[adɦa'dats']
advertir (vt)	папярэджваць	[papʲa'rɛʤvats']

ajudar (vt)	дапамагаць	[dapama'ɦats']
almoçar (vi)	абедаць	[a'bedats']
alugar (~ um apartamento)	наймаць	[naj'mats']
amar (pessoa)	кахаць	[ka'ɦats']
ameaçar (vt)	пагражаць	[paɦra'ʒats']

anotar (escrever)	запісваць	[za'pisvats']
apressar-se (vr)	спяшацца	[spʲa'ʃatsa]
arrepender-se (vr)	шкадаваць	[ʃkada'vats']
assinar (vt)	падпісваць	[pat'pisvats']
brincar (vi)	жартаваць	[ʒarta'vats']

brincar, jogar (vi, vt)	гуляць	[ɦu'lʲats']
buscar (vt)	шукаць ...	[ʃu'kats' ...]
caçar (vi)	паляваць	[palʲa'vats']
cair (vi)	падаць	['padats']
cavar (vt)	капаць	[ka'pats']
chamar (~ por socorro)	клікаць	['klikats']
chegar (vi)	прыязджаць	[prʲjaʒ'ʤats']
chorar (vi)	плакаць	['plakats']

começar (vt)	пачынаць	[patʃi'natsʲ]
comparar (vt)	параўноўваць	[paraw'nɔwvatsʲ]
concordar (dizer "sim")	згаджацца	[zɦa'dʒatsa]

confiar (vt)	давяраць	[davʲa'ratsʲ]
confundir (equivocar-se)	блытаць	['blitatsʲ]
conhecer (vt)	ведаць	['vedatsʲ]
contar (fazer contas)	лічыць	[li'tʃitsʲ]
contar com ...	разлічваць на ...	[raz'litʃvatsʲ na ...]
continuar (vt)	працягваць	[pra'tsʲaɦvatsʲ]

controlar (vt)	кантраляваць	[kantralʲa'vatsʲ]
convidar (vt)	запрашаць	[zapra'ʃatsʲ]
correr (vi)	бегчы	['beɦtʃi]
criar (vt)	стварыць	[stva'ritsʲ]
custar (vt)	каштаваць	[kaʃta'vatsʲ]

11. Os verbos mais importantes. Parte 2

dar (vt)	даваць	[da'vatsʲ]
dar uma dica	падказаць	[patka'zatsʲ]
decorar (enfeitar)	упрыгожваць	[upri'ɦɔʒvatsʲ]
defender (vt)	абараняць	[abara'nʲatsʲ]
deixar cair (vt)	упускаць	[upus'katsʲ]

descer (para baixo)	спускацца	[spu'skatsa]
desculpar (vt)	прабачаць	[praba'tʃatsʲ]
desculpar-se (vr)	прасіць прабачэння	[pra'sitsʲ praba'tʃɛnnʲa]
dirigir (~ uma empresa)	кіраваць	[kira'vatsʲ]
discutir (notícias, etc.)	абмяркоўваць	[abmʲar'kowvatsʲ]

disparar, atirar (vi)	страляць	[stra'lʲatsʲ]
dizer (vt)	сказаць	[ska'zatsʲ]
duvidar (vt)	сумнявацца	[sumnʲa'vatsa]
encontrar (achar)	знаходзіць	[zna'hɔdzitsʲ]
enganar (vt)	падманваць	[pad'manvatsʲ]

entender (vt)	разумець	[razu'metsʲ]
entrar (na sala, etc.)	уваходзіць	[uva'hɔdzitsʲ]
enviar (uma carta)	адпраўляць	[atpraw'lʲatsʲ]
errar (enganar-se)	памыляцца	[pami'lʲatsa]
escolher (vt)	выбіраць	[vibi'ratsʲ]

esconder (vt)	хаваць	[ha'vatsʲ]
escrever (vt)	пісаць	[pi'satsʲ]
esperar (aguardar)	чакаць	[tʃa'katsʲ]
esperar (ter esperança)	спадзявацца	[spadzʲa'vatsa]
esquecer (vt)	забываць	[zabi'vatsʲ]

estudar (vt)	вывучаць	[vivu'tʃatsʲ]
exigir (vt)	патрабаваць	[patraba'vatsʲ]
existir (vi)	існаваць	[isna'vatsʲ]
explicar (vt)	тлумачыць	[tlu'matʃitsʲ]
falar (vi)	гаварыць	[ɦava'ritsʲ]

faltar (a la escuela, etc.)	прапускаць	[prapusˈkatsʲ]
fazer (vt)	рабіць	[raˈbitsʲ]
ficar em silêncio	маўчаць	[mawˈtʃatsʲ]
gabar-se (vr)	выхваляцца	[vihvaˈlʲatsa]

gostar (apreciar)	падабацца	[padaˈbatsa]
gritar (vi)	крычаць	[kriˈtʃatsʲ]
guardar (fotos, etc.)	захоўваць	[zaˈhɔwvatsʲ]
informar (vt)	інфармаваць	[infarmaˈvatsʲ]
insistir (vi)	настойваць	[naˈstɔjvatsʲ]

insultar (vt)	абражаць	[abraˈʒatsʲ]
interessar-se (vr)	цікавіцца ...	[tsiˈkavitsa ...]
ir (a pé)	ісці	[isˈtsi]
ir nadar	купацца	[kuˈpatsa]
jantar (vi)	вячэраць	[vʲaˈtʃɛratsʲ]

12. Os verbos mais importantes. Parte 3

ler (vt)	чытаць	[tʃiˈtatsʲ]
libertar, liberar (vt)	вызваляць	[vizvaˈlʲatsʲ]
matar (vt)	забіваць	[zabiˈvatsʲ]
mencionar (vt)	згадваць	[ˈzɦadvatsʲ]
mostrar (vt)	паказваць	[paˈkazvatsʲ]

mudar (modificar)	змяніць	[zmʲaˈnitsʲ]
nadar (vi)	плаваць	[ˈplavatsʲ]
negar-se a ... (vr)	адмаўляцца	[admawˈlʲatsa]
objetar (vt)	пярэчыць	[pʲaˈrɛtʃitsʲ]

observar (vt)	назіраць	[naziˈratsʲ]
ordenar (mil.)	загадваць	[zaˈɦadvatsʲ]
ouvir (vt)	чуць	[ˈtʃutsʲ]
pagar (vt)	плаціць	[plaˈtsitsʲ]
parar (vi)	спыняцца	[spiˈnʲatsa]

parar, cessar (vt)	спыняць	[spiˈnʲatsʲ]
participar (vi)	удзельнічаць	[uˈdzelʲnitʃatsʲ]
pedir (comida, etc.)	заказваць	[zaˈkazvatsʲ]
pedir (um favor, etc.)	прасіць	[praˈsitsʲ]
pegar (tomar)	браць	[ˈbratsʲ]

pegar (uma bola)	лавіць	[laˈvitsʲ]
pensar (vi, vt)	думаць	[ˈdumatsʲ]
perceber (ver)	заўважаць	[zawvaˈʒatsʲ]
perdoar (vt)	выбачаць	[vibaˈtʃatsʲ]
perguntar (vt)	пытаць	[piˈtatsʲ]

permitir (vt)	дазваляць	[dazvaˈlʲatsʲ]
pertencer a ... (vi)	належаць	[naˈleʒatsʲ]
planejar (vt)	планаваць	[planaˈvatsʲ]
poder (~ fazer algo)	магчы	[maɦˈtʃi]
possuir (uma casa, etc.)	валодаць	[vaˈlɔdatsʲ]
preferir (vt)	аддаваць перавагу	[addaˈvatsʲ peraˈvaɦu]

preparar (vt)	гатаваць	[ɦata'vatsʲ]
prever (vt)	прадбачыць	[prad'batʃitsʲ]
prometer (vt)	абяцаць	[abʲa'tsatsʲ]
pronunciar (vt)	вымаўляць	[vimaw'lʲatsʲ]

propor (vt)	прапаноўваць	[prapa'nɔwvatsʲ]
punir (castigar)	караць	[ka'ratsʲ]
quebrar (vt)	ламаць	[la'matsʲ]
queixar-se de …	скардзіцца	['skardzitsa]
querer (desejar)	хацець	[ha'tsetsʲ]

13. Os verbos mais importantes. Parte 4

ralhar, repreender (vt)	лаяць	['laʲatsʲ]
recomendar (vt)	рэкамендаваць	[rɛkamenda'vatsʲ]
repetir (dizer outra vez)	паўтараць	[pawta'ratsʲ]
reservar (~ um quarto)	рэзерваваць	[rɛzerva'vatsʲ]
responder (vt)	адказваць	[at'kazvatsʲ]

rezar, orar (vi)	маліцца	[ma'litsa]
rir (vi)	смяяцца	[smæʲʲatsa]
roubar (vt)	красці	['krasʲtsi]
saber (vt)	ведаць	['vedatsʲ]
sair (~ de casa)	выходзіць	[viʲhɔdzitsʲ]

salvar (resgatar)	ратаваць	[rata'vatsʲ]
seguir (~ alguém)	накіроўвацца …	[naki'rɔwvatsa …]
sentar-se (vr)	садзіцца	[sa'dzitsa]
ser necessário	патрабавацца	[patraba'vatsa]

ser, estar	быць	['bitsʲ]
significar (vt)	азначаць	[azna'tʃatsʲ]
sorrir (vi)	усміхацца	[usmi'hatsa]

| subestimar (vt) | недаацэньваць | [nedaa'tsɛnʲvatsʲ] |
| surpreender-se (vr) | здзіўляцца | [zʲdziw'lʲatsa] |

tentar (~ fazer)	спрабаваць	[spraba'vatsʲ]
ter (vt)	мець	['metsʲ]
ter fome	хацець есці	[ha'tsetsʲ 'esʲtsi]

ter medo	баяцца	[ba'ʲatsa]
ter sede	хацець піць	[ha'tsetsʲ 'pitsʲ]
tocar (com as mãos)	кранаць	[kra'natsʲ]
tomar café da manhã	снедаць	['snedatsʲ]

| trabalhar (vi) | працаваць | [pratsa'vatsʲ] |
| traduzir (vt) | перакладаць | [perakla'datsʲ] |

unir (vt)	аб'яднаўваць	[abʲʲad'nɔwvatsʲ]
vender (vt)	прадаваць	[prada'vatsʲ]
ver (vt)	бачыць	['batʃitsʲ]
virar (~ para a direita)	паварочваць	[pava'rɔtʃvatsʲ]
voar (vi)	ляцець	[lʲa'tsetsʲ]

14. Cores

Português	Bielorrusso	Transcrição
cor (f)	колер (м)	['koler]
tom (m)	адценне (н)	[a'tsenne]
tonalidade (m)	тон (м)	['tɔn]
arco-íris (m)	вясёлка (ж)	[vʲa'sʲolka]
branco (adj)	белы	['beli]
preto (adj)	чорны	['tʃorni]
cinza (adj)	шэры	['ʃɛri]
verde (adj)	зялёны	[zʲa'lʲoni]
amarelo (adj)	жоўты	['ʒowti]
vermelho (adj)	чырвоны	[tʃir'vɔni]
azul (adj)	сіні	['sini]
azul claro (adj)	блакітны	[bla'kitni]
rosa (adj)	ружовы	[ru'ʒovi]
laranja (adj)	аранжавы	[a'ranʒavi]
violeta (adj)	фіялетавы	[fiʲa'letavi]
marrom (adj)	карычневы	[ka'ritʃnevi]
dourado (adj)	залаты	[zala'ti]
prateado (adj)	серабрысты	[sera'bristi]
bege (adj)	бэжавы	['bɛʒavi]
creme (adj)	крэмавы	['krɛmavi]
turquesa (adj)	бірузовы	[biru'zɔvi]
vermelho cereja (adj)	вішнёвы	[viʃ'nʲovi]
lilás (adj)	ліловы	[li'lovi]
carmim (adj)	малінавы	[ma'linavi]
claro (adj)	светлы	['svetli]
escuro (adj)	цёмны	['tsʲomni]
vivo (adj)	яркі	['ʲarki]
de cor	каляровы	[kalʲa'rɔvi]
a cores	каляровы	[kalʲa'rɔvi]
preto e branco (adj)	чорна-белы	[tʃorna 'beli]
unicolor (de uma só cor)	аднакаляровы	[adnakalʲa'rɔvi]
multicolor (adj)	рознакаляровы	[rɔznakalʲa'rɔvi]

15. Questões

Português	Bielorrusso	Transcrição
Quem?	Хто?	['htɔ]
O que?	Што?	['ʃtɔ]
Onde?	Дзе?	['dze]
Para onde?	Куды?	[ku'di]
De onde?	Адкуль?	[at'kulʲ]
Quando?	Калі?	[ka'li]
Para quê?	Навошта?	[na'vɔʃta]
Por quê?	Чаму?	[tʃa'mu]
Para quê?	Для чаго?	[dlʲa tʃa'ho]

Como?	Як?	['ʲak]
Qual (~ é o problema?)	Які?	[ʲa'ki]
Qual (~ deles?)	Каторы?	[ka'tɔri]

A quem?	Каму?	[ka'mu]
De quem?	Пра каго?	[pra ka'ɦɔ]
Do quê?	Пра што?	[pra 'ʃtɔ]
Com quem?	З кім?	[s kim]

Quanto, -os, -as?	Колькі?	['kɔlʲki]
De quem? (masc.)	Чый?	['ʧij]
De quem são …?	Чые?	[ʧie?]

16. Preposições

com (prep.)	з	[z]
sem (prep.)	без	['bes]
a, para (exprime lugar)	у	[u]
sobre (ex. falar ~)	аб	[ap]
antes de …	перад	['perat]
em frente de …	перад …	['perat …]

debaixo de …	пад	['pat]
sobre (em cima de)	над	['nat]
em …, sobre …	на	[na]
de, do (sou ~ Rio de Janeiro)	з	[z]
de (feito ~ pedra)	з	[z]

| em (~ 3 dias) | праз | ['pras] |
| por cima de … | праз | ['pras] |

17. Palavras funcionais. Advérbios. Parte 1

Onde?	Дзе?	['dze]
aqui	тут	['tut]
lá, ali	там	['tam]

| em algum lugar | дзесьці | ['dzesʲʦi] |
| em lugar nenhum | нідзе | [ni'dze] |

| perto de … | ля … | [lʲa …] |
| perto da janela | ля акна | [lʲa ak'na] |

Para onde?	Куды?	[ku'di]
aqui	сюды	[sʉ'di]
para lá	туды	[tu'di]
daqui	адсюль	[a'ʦʉlʲ]
de lá, dali	адтуль	[at'tulʲ]

perto	блізка	['bliska]
longe	далёка	[da'lʲoka]
perto de …	каля	[ka'lʲa]

à mão, perto	побач	['pɔbatʃ]
não fica longe	недалёка	[neda'lʲoka]
esquerdo (adj)	левы	['levi̇]
à esquerda	злева	['zleva]
para a esquerda	налева	[na'leva]
direito (adj)	правы	['pravi̇]
à direita	справа	['sprava]
para a direita	направа	[na'prava]
em frente	спераду	['speradu]
da frente	пярэдні	[pʲa'rɛdni]
adiante (para a frente)	наперад	[na'perat]
atrás de ...	ззаду	['zzadu]
de trás	ззаду	['zzadu]
para trás	назад	[na'zat]
meio (m), metade (f)	сярэдзіна (ж)	[sʲa'rɛdzina]
no meio	пасярэдзіне	[pasʲa'rɛdzine]
do lado	збоку	['zbɔku]
em todo lugar	усюды	[u'sʉdi̇]
por todos os lados	навакол	[nava'kɔl]
de dentro	знутры	[znu'tri̇]
para algum lugar	кудысьці	[ku'disʲtsi]
diretamente	наўпрост	[naw'prɔst]
de volta	назад	[na'zat]
de algum lugar	адкуль-небудзь	[at'kulʲ 'nebutsʲ]
de algum lugar	аднекуль	[ad'nekulʲ]
em primeiro lugar	па-першае	[pa 'perʃae]
em segundo lugar	па-другое	[pa dru'ɦɔe]
em terceiro lugar	па-трэцяе	[pa 'trɛtsʲae]
de repente	раптам	['raptam]
no início	напачатку	[napa'tʃatku]
pela primeira vez	упершыню	[uperʃi'nʉ]
muito antes de ...	задоўга да ...	[za'dɔwɦa da ...]
de novo	нанава	['nanava]
para sempre	назусім	[nazu'sim]
nunca	ніколі	[ni'kɔli]
de novo	зноўку	['znɔwku]
agora	цяпер	[tsʲa'per]
frequentemente	часта	['tʃasta]
então	тады	[ta'di̇]
urgentemente	тэрмінова	[tɛrmi'nɔva]
normalmente	звычайна	[zvi̇'tʃajna]
a propósito, ...	дарэчы, ...	[da'rɛtʃi, ...]
é possível	магчыма	[maɦ'tʃima]
provavelmente	напэўна	[na'pɛwna]

talvez	мабыць	['mabits^j]
além disso, ...	акрамя таго, ...	[akra'm^ja ta'ɦɔ, ...]
por isso ...	таму ...	[ta'mu ...]
apesar de ...	нягледзячы на ...	[n^jaɦ'ledz^jatʃi na ...]
graças a ...	дзякуючы ...	['dz^jakuutʃi ...]

que (pron.)	што	['ʃtɔ]
que (conj.)	што	['ʃtɔ]
algo	нешта	['neʃta]
alguma coisa	што-небудзь	[ʃtɔ'nebuts^j]
nada	нічога	[ni'tʃɔɦa]

quem	хто	['htɔ]
alguém (~ que ...)	хтосьці	['htɔs^jtsi]
alguém (com ~)	хто-небудзь	[htɔ'nebuts^j]

ninguém	ніхто	[nih'tɔ]
para lugar nenhum	нікуды	[ni'kudi]
de ninguém	нічый	[ni'tʃij]
de alguém	чый-небудзь	[tʃij'nebuts^j]

tão	так	['tak]
também (gostaria ~ de ...)	таксама	[tak'sama]
também (~ eu)	таксама	[tak'sama]

18. Palavras funcionais. Advérbios. Parte 2

Por quê?	Чаму?	[tʃa'mu]
por alguma razão	чамусьці	[tʃa'mus^jtsi]
porque ...	бо ...	[bɔ ...]
por qualquer razão	наштосьці	[naʃ'tɔs^jtsi]

e (tu ~ eu)	і	[i]
ou (ser ~ não ser)	або	[a'bɔ]
mas (porém)	але	[a'le]
para (~ a minha mãe)	для	['dl^ja]

muito, demais	занадта	[za'natta]
só, somente	толькі	['tɔl^jki]
exatamente	дакладна	[da'kladna]
cerca de (~ 10 kg)	каля	[ka'l^ja]

aproximadamente	прыблізна	[prib'lizna]
aproximado (adj)	прыблізны	[prib'lizni]
quase	амаль	[a'mal^j]
resto (m)	астатняе (н)	[as'tatn^jae]

o outro (segundo)	другі	[dru'ɦi]
outro (adj)	другі, іншы	[dru'ɦi, in'ʃi]
cada (adj)	кожны	['kɔʒni]
qualquer (adj)	любы	[lʉ'bi]
muito, muitos, muitas	шмат	['ʃmat]
muitas pessoas	многія	['mnɔɦi^ja]
todos	усе	[u'se]

em troca de ...	у абмен на ...	[u ab'men na ...]
em troca	наўзамен	[nawza'men]
à mão	уручную	[uruʧ'nuɥ]
pouco provável	наўрад ці	[naw'raʦi]

provavelmente	пэўна	['pɛwna]
de propósito	знарок	[zna'rɔk]
por acidente	выпадкова	[vipat'kɔva]

muito	вельмі	['velʲmi]
por exemplo	напрыклад	[na'priklat]
entre	між	['miʃ]
entre (no meio de)	сярод	[sʲa'rɔt]
tanto	столькі	['stɔlʲki]
especialmente	асабліва	[asa'bliva]

Conceitos básicos. Parte 2

19. Dias da semana

segunda-feira (f)	панядзелак (м)	[panʲaˈdzelak]
terça-feira (f)	аўторак (м)	[awˈtɔrak]
quarta-feira (f)	серада (ж)	[seraˈda]
quinta-feira (f)	чацвер (м)	[ʧatsˈver]
sexta-feira (f)	пятніца (ж)	[ˈpʲatnitsa]
sábado (m)	субота (ж)	[suˈbɔta]
domingo (m)	нядзеля (ж)	[nʲaˈdzelʲa]
hoje	сёння	[ˈsʲonnʲa]
amanhã	заўтра	[ˈzawtra]
depois de amanhã	паслязаўтра	[paslʲaˈzawtra]
ontem	учора	[uˈʧɔra]
anteontem	заўчора	[zawˈʧɔra]
dia (m)	дзень (м)	[ˈdzenʲ]
dia (m) de trabalho	працоўны дзень (м)	[praˈtsɔwni ˈdzenʲ]
feriado (m)	святочны дзень (м)	[svʲaˈtɔʧni ˈdzenʲ]
dia (m) de folga	выхадны дзень (м)	[vihadˈni ˈdzenʲ]
fim (m) de semana	выхадныя (м мн)	[vihadˈnʲia]
o dia todo	увесь дзень	[uˈvezʲ ˈdzenʲ]
no dia seguinte	на наступны дзень	[na naˈstupni ˈdzenʲ]
há dois dias	два дні таму	[dva ˈdni taˈmu]
na véspera	напярэдадні	[napʲaˈrɛdadni]
diário (adj)	штодзённы	[ʃtoˈdzʲonni]
todos os dias	штодня	[ʃtoˈdnʲa]
semana (f)	тыдзень (м)	[ˈtidzenʲ]
na semana passada	на мінулым тыдні	[na miˈnulim ˈtidni]
semana que vem	на наступным тыдні	[na naˈstupnim ˈtidni]
semanal (adj)	штотыднёвы	[ʃtotidˈnʲovi]
toda semana	штотыдзень	[ʃtoˈtidzenʲ]
duas vezes por semana	два разы на тыдзень	[dva raˈzi na ˈtidzenʲ]
toda terça-feira	штоаўторак	[ʃtoaˈwtɔrak]

20. Horas. Dia e noite

manhã (f)	ранак (м)	[ˈranak]
de manhã	ранкам	[ˈrankam]
meio-dia (m)	поўдзень (м)	[ˈpowdzenʲ]
à tarde	пасля абеду	[paˈslʲa aˈbedu]
tardinha (f)	вечар (м)	[ˈveʧar]
à tardinha	увечар	[uˈveʧar]

noite (f)	ноч (ж)	['nɔtʃ]
à noite	уначы	[una'tʃi]
meia-noite (f)	поўнач (ж)	['pɔwnatʃ]

segundo (m)	секунда (ж)	[se'kunda]
minuto (m)	хвіліна (ж)	[hvi'lina]
hora (f)	гадзіна (ж)	[ha'dzina]
meia hora (f)	паўгадзіны	[pawha'dzini]
quarto (m) de hora	чвэрць (ж) гадзіны	[tʃvɛrtsʲ ha'dzini]
quinze minutos	пятнаццаць хвілін	[pʲat'natsatsʲ hvi'lin]
vinte e quatro horas	суткі (мн)	['sutki]

nascer (m) do sol	узыход (м) сонца	[uzi'hɔt 'sɔntsa]
amanhecer (m)	світанак (м)	[svi'tanak]
madrugada (f)	ранічка (ж)	['ranitʃka]
pôr-do-sol (m)	захад (м)	['zahat]

de madrugada	ранічкаю	['ranitʃkaʉ]
esta manhã	сёння ранкам	[sʲonnʲa 'rankam]
amanhã de manhã	заўтра ранкам	['zawtra 'rankam]

esta tarde	сёння ўдзень	[sʲonnʲa u'dzenʲ]
à tarde	пасля абеду	[pa'slʲa a'bedu]
amanhã à tarde	заўтра пасля абеду	['zawtra pa'slʲa a'bedu]

esta noite, hoje à noite	сёння ўвечары	[sʲonnʲa u'wetʃari]
amanhã à noite	заўтра ўвечары	[zawtra u'wetʃari]

às três horas em ponto	роўна а трэцяй гадзіне	[rɔwna a 'trɛtsʲaj ha'dzine]
por volta das quatro	каля чацвёртай гадзіны	[ka'lʲa tʃats'vʲortaj ha'dzini]
às doze	пад дванаццатую гадзіну	[pad dva'natsatuʉ ha'dzinu]

em vinte minutos	праз дваццаць хвілін	[praz 'dvatsatsʲ hvi'lin]
em uma hora	праз гадзіну	[praz ha'dzinu]
a tempo	своечасова	[svɔetʃa'sɔva]

… um quarto para	без чвэрці …	['bʲaʃ 'tʃvɛrtsi …]
dentro de uma hora	на працягу гадзіны	[na pra'tsʲahu ha'dzini]
a cada quinze minutos	кожныя пятнаццаць хвілін	['kɔʒnʲʲa pʲat'natsatsʲ hvi'lin]
as vinte e quatro horas	круглыя суткі (мн)	['kruɦlʲʲa 'sutki]

21. Meses. Estações

janeiro (m)	студзень (м)	['studzenʲ]
fevereiro (m)	люты (м)	['lʉti]
março (m)	сакавік (м)	[saka'vik]
abril (m)	красавік (м)	[krasa'vik]
maio (m)	май (м)	['maj]
junho (m)	чэрвень (м)	['tʃɛrvenʲ]

julho (m)	ліпень (м)	['lipenʲ]
agosto (m)	жнівень (м)	['ʒnivenʲ]
setembro (m)	верасень (м)	['verasenʲ]

outubro (m)	кастрычнік (м)	[kas'tritʃnik]
novembro (m)	лістапад (м)	[lista'pat]
dezembro (m)	снежань (м)	['sneʒanʲ]

primavera (f)	вясна (ж)	[vʲas'na]
na primavera	увесну	[u'vesnu]
primaveril (adj)	вясновы	[vʲas'novi]

verão (m)	лета (н)	['leta]
no verão	улетку	[u'letku]
de verão	летні	['letni]

outono (m)	восень (ж)	['vɔsenʲ]
no outono	увосень	[u'vɔsenʲ]
outonal (adj)	восеньскі	['vɔsenʲski]

inverno (m)	зіма (ж)	[zi'ma]
no inverno	узімку	[u'zimku]
de inverno	зімовы	[zi'mɔvi]

mês (m)	месяц (м)	['mesʲats]
este mês	у гэтым месяцы	[u 'ɦɛtim 'mesʲatsi]
mês que vem	у наступным месяцы	[u nas'tupnim 'mesʲatsi]
no mês passado	у мінулым месяцы	[u mi'nulim 'mesʲatsi]

um mês atrás	месяц таму	[mesʲats ta'mu]
em um mês	праз месяц	[praz 'mesʲats]
em dois meses	праз два месяцы	[praz 'dva 'mesʲatsi]
todo o mês	увесь месяц	[u'vesʲ 'mesʲats]
um mês inteiro	цэлы месяц	[tsɛli 'mesʲats]

mensal (adj)	штомесячны	[ʃtɔ'mesʲatʃni]
mensalmente	штомесяц	[ʃtɔ'mesʲats]
todo mês	штомесяц	[ʃtɔ'mesʲats]
duas vezes por mês	два разы на месяц	[dva ra'zi na 'mesʲats]

ano (m)	год (м)	['ɦɔt]
este ano	сёлета	['sʲoleta]
ano que vem	налета	[na'leta]
no ano passado	летась	['letasʲ]

há um ano	год таму	[ɦɔt ta'mu]
em um ano	праз год	[praz 'ɦɔt]
dentro de dois anos	праз два гады	[praz 'dva ɦa'di]
todo o ano	увесь год	[u'vezʲ 'ɦɔt]
um ano inteiro	цэлы год	[tsɛli 'ɦɔt]

cada ano	штогод	[ʃtɔ'ɦɔt]
anual (adj)	штогадовы	[ʃtɔɦa'dɔvi]
anualmente	штогод	[ʃtɔ'ɦɔt]
quatro vezes por ano	чатыры разы на год	[tʃa'tiri ra'zi na 'ɦɔt]

data (~ de hoje)	дзень (м)	['dzenʲ]
data (ex. ~ de nascimento)	дата (ж)	['data]
calendário (m)	каляндар (м)	[kalʲan'dar]
meio ano	паўгода	[paw'ɦɔda]

seis meses	паўгоддзе (н)	[paw'ɦɔdze]
estação (f)	сезон (м)	[se'zɔn]
século (m)	стагоддзе (н)	[sta'ɦɔdze]

22. Unidades de medida

peso (m)	вага (ж)	[va'ɦa]
comprimento (m)	даўжыня (ж)	[dawʒi'nʲa]
largura (f)	шырыня (ж)	[ʃiri'nʲa]
altura (f)	вышыня (ж)	[viʃi'nʲa]
profundidade (f)	глыбіня (ж)	[ɦlibi'nʲa]
volume (m)	аб'ём (м)	[a'bʲlom]
área (f)	плошча (ж)	['plɔʃca]

grama (m)	грам (м)	['ɦram]
miligrama (m)	міліграм (м)	[mili'ɦram]
quilograma (m)	кілаграм (м)	[kila'ɦram]
tonelada (f)	тона (ж)	['tɔna]
libra (453,6 gramas)	фунт (м)	['funt]
onça (f)	унцыя (ж)	['untsʲia]

metro (m)	метр (м)	['metr]
milímetro (m)	міліметр (м)	[mili'metr]
centímetro (m)	сантыметр (м)	[santi'metr]
quilômetro (m)	кіламетр (м)	[kila'metr]
milha (f)	міля (ж)	['milʲa]

polegada (f)	цаля (ж)	['tsalʲa]
pé (304,74 mm)	фут (м)	['fut]
jarda (914,383 mm)	ярд (м)	[ʲart]

| metro (m) quadrado | квадратны метр (м) | [kvad'ratnɨ 'metr] |
| hectare (m) | гектар (м) | [ɦek'tar] |

litro (m)	літр (м)	['litr]
grau (m)	градус (м)	['ɦradus]
volt (m)	вольт (м)	['vɔlʲt]
ampère (m)	ампер (м)	[am'per]
cavalo (m) de potência	конская сіла (ж)	[kɔnskaʲa 'sila]

quantidade (f)	колькасць (ж)	['kɔlʲkastsʲ]
um pouco de …	нямнога …	[nʲam'noɦa …]
metade (f)	палова (ж)	[pa'lɔva]
dúzia (f)	тузін (м)	['tuzin]
peça (f)	штука (ж)	['ʃtuka]

| tamanho (m), dimensão (f) | памер (м) | [pa'mer] |
| escala (f) | маштаб (м) | [maʃ'tap] |

mínimo (adj)	мінімальны	[mini'malʲnɨ]
menor, mais pequeno	найменшы	[naj'menʃɨ]
médio (adj)	сярэдні	[sʲa'rɛdni]
máximo (adj)	максімальны	[maksi'malʲnɨ]
maior, mais grande	найбольшы	[naj'bɔlʲʃɨ]

23. Recipientes

pote (m) de vidro	слоік (м)	['slɔik]
lata (~ de cerveja)	бляшанка (ж)	[blʲa'ʃanka]
balde (m)	вядро (н)	[vʲa'drɔ]
barril (m)	бочка (ж)	['bɔtʃka]
bacia (~ de plástico)	таз (м)	['tas]
tanque (m)	бак (м)	['bak]
cantil (m) de bolso	біклажка (ж)	[bik'laʃka]
galão (m) de gasolina	каністра (ж)	[ka'nistra]
cisterna (f)	цыстэрна (ж)	[tsis'tɛrna]
caneca (f)	кубак (м)	['kubak]
xícara (f)	кубак (м)	['kubak]
pires (m)	сподак (м)	['spɔdak]
copo (m)	шклянка (ж)	['ʃklʲanka]
taça (f) de vinho	келіх (м)	['kelih]
panela (f)	рондаль (м)	['rɔndalʲ]
garrafa (f)	бутэлька (ж)	[bu'tɛlʲka]
gargalo (m)	рыльца (н)	['rilʲtsa]
jarra (f)	графін (м)	[ɦra'fin]
jarro (m)	збан (м)	['zban]
recipiente (m)	пасудзіна (ж)	[pa'sudzina]
pote (m)	гаршчок (м)	[ɦar'ʃɕɔk]
vaso (m)	ваза (ж)	['vaza]
frasco (~ de perfume)	флакон (м)	[fla'kɔn]
frasquinho (m)	бутэлечка (ж)	[bu'tɛletʃka]
tubo (m)	цюбік (м)	['tsʉbik]
saco (ex. ~ de açúcar)	мяшок (м)	[mʲa'ʃok]
sacola (~ plastica)	пакет (м)	[pa'ket]
maço (de cigarros, etc.)	пачак (м)	['patʃak]
caixa (~ de sapatos, etc.)	каробка (ж)	[ka'rɔpka]
caixote (~ de madeira)	скрынка (ж)	['skrinka]
cesto (m)	кош (м)	['kɔʃ]

O SER HUMANO

O ser humano. O corpo

24. Cabeça

cabeça (f)	галава (ж)	[ɦala'va]
rosto, cara (f)	твар (м)	['tvar]
nariz (m)	нос (м)	['nɔs]
boca (f)	рот (м)	['rɔt]
olho (m)	вока (н)	['vɔka]
olhos (m pl)	вочы (н мн)	['vɔtʃi]
pupila (f)	зрэнка (ж)	['zrɛnka]
sobrancelha (f)	брыво (н)	[bri'vɔ]
cílio (f)	вейка (ж)	['vejka]
pálpebra (f)	павека (н)	[pa'veka]
língua (f)	язык (м)	[ʲa'zik]
dente (m)	зуб (м)	['zup]
lábios (m pl)	губы (ж мн)	['ɦubi]
maçãs (f pl) do rosto	скулы (ж мн)	['skuli]
gengiva (f)	дзясна (ж)	[dzʲas'na]
palato (m)	паднябенне (н)	[padnʲa'benne]
narinas (f pl)	ноздры (ж мн)	['nɔzdri]
queixo (m)	падбародак (м)	[padba'rɔdak]
mandíbula (f)	сківіца (ж)	['skivitsa]
bochecha (f)	шчака (ж)	[ʃɕa'ka]
testa (f)	лоб (м)	['lɔp]
têmpora (f)	скронь (ж)	['skrɔnʲ]
orelha (f)	вуха (н)	['vuha]
costas (f pl) da cabeça	патыліца (ж)	[pa'tilitsa]
pescoço (m)	шыя (ж)	['ʃʲa]
garganta (f)	горла (н)	['ɦɔrla]
cabelo (m)	валасы (м мн)	[vala'si]
penteado (m)	прычоска (ж)	[pri'tʃɔska]
corte (m) de cabelo	стрыжка (ж)	['striʃka]
peruca (f)	парык (м)	[pa'rik]
bigode (m)	вусы (м мн)	['vusi]
barba (f)	барада (ж)	[bara'da]
ter (~ barba, etc.)	насіць	[na'sitsʲ]
trança (f)	каса (ж)	[ka'sa]
suíças (f pl)	бакенбарды (мн)	[baken'bardi]
ruivo (adj)	рыжы	['riʒi]
grisalho (adj)	сівы	[si'vi]

careca (adj)	лысы	['lisi]
calva (f)	лысіна (ж)	['lisina]
rabo-de-cavalo (m)	хвост (м)	['hvɔst]
franja (f)	чубок (м)	[tʃu'bɔk]

25. Corpo humano

mão (f)	кісць (ж)	['kistsʲ]
braço (m)	рука (ж)	[ru'ka]
dedo (m)	палец (м)	['palets]
dedo (m) do pé	палец (м)	['palets]
polegar (m)	вялікі палец (м)	[vʲa'liki 'palets]
dedo (m) mindinho	мезенец (м)	['mezenets]
unha (f)	пазногаць (м)	[paz'nɔhatsʲ]
punho (m)	кулак (м)	[ku'lak]
palma (f)	далонь (ж)	[da'lɔnʲ]
pulso (m)	запясце (н)	[za'pʲasʲtse]
antebraço (m)	перадплечча (н)	[perat'pletʃa]
cotovelo (m)	локаць (м)	['lɔkatsʲ]
ombro (m)	плячо (н)	[plʲa'tʃɔ]
perna (f)	нага (ж)	[na'ha]
pé (m)	ступня (ж)	[stup'nʲa]
joelho (m)	калена (н)	[ka'lena]
panturrilha (f)	лытка (ж)	['litka]
quadril (m)	сцягно (н)	[stsʲah'nɔ]
calcanhar (m)	пятка (ж)	['pʲatka]
corpo (m)	цела (н)	['tsela]
barriga (f), ventre (m)	жывот (м)	[ʒi'vɔt]
peito (m)	грудзі (мн)	['hrudzi]
seio (m)	грудзі (мн)	['hrudzi]
lado (m)	бок (м)	['bɔk]
costas (dorso)	спіна (ж)	['spina]
região (f) lombar	паясніца (ж)	[paʲas'nitsa]
cintura (f)	талія (ж)	['taliʲa]
umbigo (m)	пупок (м)	[pu'pɔk]
nádegas (f pl)	ягадзіцы (ж мн)	['ʲahadzitsʲi]
traseiro (m)	зад (м)	['zat]
sinal (m), pinta (f)	радзімка (ж)	[ra'dzimka]
sinal (m) de nascença	радзімая пляма (ж)	[ra'dzimaʲa 'plʲama]
tatuagem (f)	татуіроўка (ж)	[tatui'rɔwka]
cicatriz (f)	шрам (м)	['ʃram]

Vestuário & Acessórios

26. Roupa exterior. Casacos

roupa (f)	адзенне (н)	[a'dzenne]
roupa (f) exterior	вопратка (ж)	['vɔpratka]
roupa (f) de inverno	зімовая вопратка (ж)	[zi'mɔvaʲa 'vɔpratka]
sobretudo (m)	паліто (н)	[pali'tɔ]
casaco (m) de pele	футра (н)	['futra]
jaqueta (f) de pele	паўкажушак (м)	[pawka'ʒwʃak]
casaco (m) acolchoado	пухавік (м)	[puha'vik]
casaco (m), jaqueta (f)	куртка (ж)	['kurtka]
impermeável (m)	плашч (м)	['plaʃɕ]
a prova d'água	непрамакальны	[neprama'kalʲni]

27. Vestuário de homem & mulher

camisa (f)	кашуля (ж)	[ka'ʃulʲa]
calça (f)	штаны (мн)	[ʃta'ni]
jeans (m)	джынсы (мн)	['dʒɨnsi]
paletó, terno (m)	пінжак (м)	[pin'ʒak]
terno (m)	касцюм (м)	[kas'tsʉm]
vestido (ex. ~ de noiva)	сукенка (ж)	[su'kenka]
saia (f)	спадніца (ж)	[spad'nitsa]
blusa (f)	блузка (ж)	['bluska]
casaco (m) de malha	кофта (ж)	['kɔfta]
casaco, blazer (m)	жакет (м)	[ʒa'ket]
camiseta (f)	футболка (ж)	[fud'bɔlka]
short (m)	шорты (мн)	['ʃɔrti]
training (m)	спартыўны касцюм (м)	[spar'tiwni kas'tsʉm]
roupão (m) de banho	халат (м)	[ha'lat]
pijama (m)	піжама (ж)	[pi'ʒama]
suéter (m)	світэр (м)	['svitɛr]
pulôver (m)	пуловер (м)	[pu'lɔver]
colete (m)	камізэлька (ж)	[kami'zɛlʲka]
fraque (m)	фрак (м)	['frak]
smoking (m)	смокінг (м)	['smɔkinɦ]
uniforme (m)	форма (ж)	['fɔrma]
roupa (f) de trabalho	працоўнае адзенне (н)	[pra'tsɔwnae a'dzenne]
macacão (m)	камбінезон (м)	[kambine'zɔn]
jaleco (m), bata (f)	халат (м)	[ha'lat]

28. Vestuário. Roupa interior

roupa (f) íntima	бялізна (ж)	[bʲaˈlizna]
cueca boxer (f)	трусы (мн)	[truˈsɨ]
calcinha (f)	трусікі (мн)	[ˈtrusiki]
camiseta (f)	майка (ж)	[ˈmajka]
meias (f pl)	шкарпэткі (ж мн)	[ʃkarˈpɛtki]
camisola (f)	начная кашуля (ж)	[natʃˈnaʲa kaˈʃulʲa]
sutiã (m)	бюстгальтар (m)	[bʉzˈhalʲtar]
meias longas (f pl)	гольфы (мн)	[ˈholʲfɨ]
meias-calças (f pl)	калготкі (мн)	[kalˈhotki]
meias (~ de nylon)	панчохі (ж мн)	[panˈtʃohi]
maiô (m)	купальнік (m)	[kuˈpalʲnik]

29. Adereços de cabeça

chapéu (m), touca (f)	шапка (ж)	[ˈʃapka]
chapéu (m) de feltro	капялюш (m)	[kapʲaˈlʉʃ]
boné (m) de beisebol	бейсболка (ж)	[bejzˈbolka]
boina (~ italiana)	кепка (ж)	[ˈkepka]
boina (ex. ~ basca)	берэт (m)	[bʲaˈrɛt]
capuz (m)	капюшон (m)	[kapʉˈʃon]
chapéu panamá (m)	панамка (ж)	[paˈnamka]
touca (f)	вязаная шапачка (ж)	[vʲazanaʲa ˈʃapatʃka]
lenço (m)	хустка (ж)	[ˈhustka]
chapéu (m) feminino	капялюшык (m)	[kapʲaˈlʉʃik]
capacete (m) de proteção	каска (ж)	[ˈkaska]
bibico (m)	пілотка (ж)	[piˈlotka]
capacete (m)	шлем (m)	[ˈʃlem]
chapéu-coco (m)	кацялок (m)	[katsʲaˈlok]
cartola (f)	цыліндр (m)	[tsɨˈlindr]

30. Calçado

calçado (m)	абутак (m)	[aˈbutak]
botinas (f pl), sapatos (m pl)	чаравікі (м мн)	[tʃaraˈviki]
sapatos (de salto alto, etc.)	туфлі (м мн)	[ˈtufli]
botas (f pl)	боты (м мн)	[ˈbotɨ]
pantufas (f pl)	тапачкі (ж мн)	[ˈtapatʃki]
tênis (~ Nike, etc.)	красоўкі (ж мн)	[kraˈsowki]
tênis (~ Converse)	кеды (м мн)	[ˈkedɨ]
sandálias (f pl)	сандалі (ж мн)	[sanˈdali]
sapateiro (m)	шавец (m)	[ʃaˈvets]
salto (m)	абцас (m)	[apˈtsas]

par (m)	пара (ж)	['para]
cadarço (m)	шнурок (м)	[ʃnu'rɔk]
amarrar os cadarços	шнураваць	[ʃnura'vatsʲ]
calçadeira (f)	ражок (м)	[ra'ʒɔk]
graxa (f) para calçado	крэм (м) для абутку	['krɛm dlʲa a'butku]

31. Acessórios pessoais

luva (f)	пальчаткі (ж мн)	[palʲ'tʃatki]
mitenes (f pl)	рукавіцы (ж мн)	[ruka'vitsɨ]
cachecol (m)	шалік (м)	['ʃalik]
óculos (m pl)	акуляры (мн)	[aku'lʲari]
armação (f)	аправа (ж)	[a'prava]
guarda-chuva (m)	парасон (м)	[para'sɔn]
bengala (f)	палка (ж)	['palka]
escova (f) para o cabelo	шчотка (ж) для валасоў	['ʃɕɔtka dlʲa vala'sɔw]
leque (m)	веер (м)	['veer]
gravata (f)	гальштук (м)	['ɦalʲʃtuk]
gravata-borboleta (f)	гальштук-мушка (ж)	['ɦalʲʃtuk 'muʃka]
suspensórios (m pl)	шлейкі (мн)	['ʃlejki]
lenço (m)	насоўка (ж)	[na'sɔwka]
pente (m)	грабянец (м)	[ɦrabʲa'nets]
fivela (f) para cabelo	заколка (ж)	[za'kɔlka]
grampo (m)	шпілька (ж)	['ʃpilʲka]
fivela (f)	спражка (ж)	['spraʃka]
cinto (m)	пояс (м)	['pɔʲas]
alça (f) de ombro	рэмень (м)	['rɛmenʲ]
bolsa (f)	сумка (ж)	['sumka]
bolsa (feminina)	сумачка (ж)	['sumatʃka]
mochila (f)	рукзак (м)	[rug'zak]

32. Vestuário. Diversos

moda (f)	мода (ж)	['mɔda]
na moda (adj)	модны	['mɔdnɨ]
estilista (m)	мадэльер (м)	[madɛ'lʲer]
colarinho (m)	каўнер (м)	[kaw'ner]
bolso (m)	кішэня (ж)	[ki'ʃɛnʲa]
de bolso	кішэнны	[ki'ʃɛnnɨ]
manga (f)	рукаў (м)	[ru'kaw]
ganchinho (m)	вешалка (ж)	['veʃalka]
bragueta (f)	прарэх (м)	[pra'rɛh]
zíper (m)	маланка (ж)	[ma'lanka]
colchete (m)	зашпілька (ж)	[za'ʃpilʲka]
botão (m)	гузік (м)	['ɦuzik]

botoeira (casa de botão)	прарэшак (м)	[pra'rɛʃak]
soltar-se (vr)	адарвацца	[adar'vatsa]
costurar (vi)	шыць	['ʃitsʲ]
bordar (vt)	вышываць	[viʃi'vatsʲ]
bordado (m)	вышыўка (ж)	['viʃiwka]
agulha (f)	іголка (ж)	[i'ɦɔlka]
fio, linha (f)	нітка (ж)	['nitka]
costura (f)	шво (н)	['ʃvɔ]
sujar-se (vr)	запэцкацца	[za'pɛtskatsa]
mancha (f)	пляма (ж)	['plʲama]
amarrotar-se (vr)	памяцца	[pa'mʲatsa]
rasgar (vt)	падраць	[pad'ratsʲ]
traça (f)	моль (ж)	['mɔlʲ]

33. Cuidados pessoais. Cosméticos

pasta (f) de dente	зубная паста (ж)	[zub'naʲa 'pasta]
escova (f) de dente	зубная шчотка (ж)	[zub'naʲa 'ʃɕɔtka]
escovar os dentes	чысціць зубы	[tʃisʲtsitsʲ zu'bi]
gilete (f)	брытва (ж)	['britva]
creme (m) de barbear	крэм (м) для галення	['krɛm dlʲa ɦa'lɛnnʲa]
barbear-se (vr)	галіцца	[ɦa'litsa]
sabonete (m)	мыла (н)	['mila]
xampu (m)	шампунь (м)	[ʃam'punʲ]
tesoura (f)	нажніцы (мн)	[naʒ'nitsi]
lixa (f) de unhas	пілачка (ж) для пазногцяў	['pilatʃka dlʲa paz'nɔɦtslʲaw]
corta-unhas (m)	шчыпчыкі (мн)	['ʃɕiptʃiki]
pinça (f)	пінцэт (м)	[pin'tsɛt]
cosméticos (m pl)	касметыка (ж)	[kas'metika]
máscara (f)	маска (ж)	['maska]
manicure (f)	манікюр (м)	[mani'kʉr]
fazer as unhas	рабіць манікюр	[ra'bitsʲ mani'kʉr]
pedicure (f)	педыкюр (м)	[pedi'kʉr]
bolsa (f) de maquiagem	касметычка (ж)	[kasme'titʃka]
pó (de arroz)	пудра (ж)	['pudra]
pó (m) compacto	пудраніца (ж)	['pudranitsa]
blush (m)	румяны (мн)	[ru'mʲani]
perfume (m)	парфума (ж)	[par'fuma]
água-de-colônia (f)	туалетная вада (ж)	[tua'letnaʲa va'da]
loção (f)	ласьён (м)	[la'sjɔn]
colônia (f)	адэкалон (м)	[adɛka'lɔn]
sombra (f) de olhos	цені (м мн) для павек	['tseni dlʲa pa'vek]
delineador (m)	аловак (м) для вачэй	[a'lɔvaɦ dlʲa va'tʃɛj]
máscara (f), rímel (m)	туш (ж)	['tuʃ]
batom (m)	губная памада (ж)	[ɦub'naʲa pa'mada]

esmalte (m)	лак (м) для пазногцяў	['laɦ dlʲa paz'nɔɦtsʲaw]
laquê (m), spray fixador (m)	лак (м) для валасоў	['laɦ dlʲa vala'sɔw]
desodorante (m)	дэзадарант (м)	[dɛzada'rant]

creme (m)	крэм (м)	['krɛm]
creme (m) de rosto	крэм (м) для твару	['krɛm dlʲa 'tvaru]
creme (m) de mãos	крэм (м) для рук	['krɛm dlʲa 'ruk]
creme (m) antirrugas	крэм (м) супраць зморшчын	['krɛm 'supratsʲ 'zmɔrʃɕin]
creme (m) de dia	дзённы крэм (м)	['dzʲɔnni 'krɛm]
creme (m) de noite	начны крэм (м)	[natʃʲni 'krɛm]
de dia	дзённы	['dzʲɔnni]
da noite	начны	[natʃʲni]

absorvente (m) interno	тампон (м)	[tam'pɔn]
papel (m) higiênico	туалетная папера (ж)	[tua'letnaʲa pa'pera]
secador (m) de cabelo	фен (м)	['fen]

34. Relógios de pulso. Relógios

relógio (m) de pulso	гадзіннік (м)	[ɦa'dzinnik]
mostrador (m)	цыферблат (м)	[tsifer'blat]
ponteiro (m)	стрэлка (ж)	['strɛlka]
bracelete (em aço)	бранзалет (м)	[branza'let]
bracelete (em couro)	раменьчык (м)	[ra'menʲtʃik]

pilha (f)	батарэйка (ж)	[bata'rɛjka]
acabar (vi)	сесці	['sesʲtsi]
trocar a pilha	памяняць батарэйку	[pamʲa'nʲatsʲ bata'rɛjku]
estar adiantado	спяшацца	[spʲa'ʃatsa]
estar atrasado	адставаць	[atsta'vatsʲ]

relógio (m) de parede	гадзіннік (м) насценны	[ɦa'dzinnik nas'tsenni]
ampulheta (f)	гадзіннік (м) пясочны	[ɦa'dzinnik pʲa'sɔtʃni]
relógio (m) de sol	гадзіннік (м) сонечны	[ɦa'dzinnik 'sɔnetʃni]
despertador (m)	будзільнік (м)	[bu'dzilʲnik]
relojoeiro (m)	гадзіншчык (м)	[ɦa'dzinʃɕik]
reparar (vt)	рамантаваць	[ramanta'vatsʲ]

Alimentação. Nutrição

35. Comida

carne (f)	мяса (н)	['mʲasa]
galinha (f)	курыца (ж)	['kuritsa]
frango (m)	кураня (н)	[kura'nʲa]
pato (m)	качка (ж)	['katʃka]
ganso (m)	гусь (ж)	['ɦusʲ]
caça (f)	дзічына (ж)	[dzi'tʃina]
peru (m)	індычка (ж)	[in'ditʃka]
carne (f) de porco	свініна (ж)	[svi'nina]
carne (f) de vitela	цяляціна (ж)	[tsʲa'lʲatsina]
carne (f) de carneiro	бараніна (ж)	[ba'ranina]
carne (f) de vaca	ялавічына (ж)	[ʲalavitʃina]
carne (f) de coelho	трус (м)	['trus]
linguiça (f), salsichão (m)	каўбаса (ж)	[kawba'sa]
salsicha (f)	сасіска (ж)	[sa'siska]
bacon (m)	бекон (м)	[be'kɔn]
presunto (m)	вяндліна (ж)	[vʲand'lina]
pernil (m) de porco	кумпяк (м)	[kum'pʲak]
patê (m)	паштэт (м)	[paʃ'tɛt]
fígado (m)	печань (ж)	['petʃanʲ]
guisado (m)	фарш (м)	['farʃ]
língua (f)	язык (м)	[ʲa'zik]
ovo (m)	яйка (н)	['ʲajka]
ovos (m pl)	яйкі (н мн)	['ʲajki]
clara (f) de ovo	бялок (м)	[bʲa'lɔk]
gema (f) de ovo	жаўток (м)	[ʒaw'tɔk]
peixe (m)	рыба (ж)	['riba]
mariscos (m pl)	морапрадукты (м мн)	[mɔrapra'dukti]
crustáceos (m pl)	ракападобныя (мн)	[rakapa'dobnʲa]
caviar (m)	ікра (ж)	[ik'ra]
caranguejo (m)	краб (м)	['krap]
camarão (m)	крэветка (ж)	[krɛ'vetka]
ostra (f)	вустрыца (ж)	['vustritsa]
lagosta (f)	лангуст (м)	[lan'ɦust]
polvo (m)	васьміног (м)	[vasʲmi'nɔɦ]
lula (f)	кальмар (м)	[kalʲ'mar]
esturjão (m)	асятрына (ж)	[asʲa'trina]
salmão (m)	ласось (м)	[la'sɔsʲ]
halibute (m)	палтус (м)	['paltus]
bacalhau (m)	траска (ж)	[tras'ka]

cavala, sarda (f)	скумбрыя (ж)	['skumbri¹a]
atum (m)	тунец (м)	[tu'nets]
enguia (f)	вугор (м)	[vu'ɦɔr]
truta (f)	стронга (ж)	['strɔnɦa]
sardinha (f)	сардзіна (ж)	[sar'dzina]
lúcio (m)	шчупак (м)	[ʃɕu'pak]
arenque (m)	селядзец (м)	[sel¹a'dzets]
pão (m)	хлеб (м)	['hlep]
queijo (m)	сыр (м)	['sir]
açúcar (m)	цукар (м)	['tsukar]
sal (m)	соль (ж)	['sɔl¹]
arroz (m)	рыс (м)	['ris]
massas (f pl)	макарона (ж)	[maka'rɔna]
talharim, miojo (m)	локшына (ж)	['lɔkʃina]
manteiga (f)	масла (н)	['masla]
óleo (m) vegetal	алей (м)	[a'lej]
óleo (m) de girassol	сланечнікавы алей (м)	[sla'netʃnikavɨ a'lej]
margarina (f)	маргарын (м)	[marɦa'rin]
azeitonas (f pl)	алівы (ж мн)	[a'livɨ]
azeite (m)	алей (м) аліўкавы	[a'lej a'liwkavɨ]
leite (m)	малако (н)	[mala'kɔ]
leite (m) condensado	згушчанае малако (н)	['zɦuʃɕanae mala'kɔ]
iogurte (m)	ёгурт (м)	['¹oɦurt]
creme (m) azedo	смятана (ж)	[sm¹a'tana]
creme (m) de leite	вяршкі (мн)	[v¹ar'ʃki]
maionese (f)	маянэз (м)	[ma¹a'nɛs]
creme (m)	крэм (м)	['krɛm]
grãos (m pl) de cereais	крупы (мн)	['krupɨ]
farinha (f)	мука (ж)	[mu'ka]
enlatados (m pl)	кансервы (ж мн)	[kan'servɨ]
flocos (m pl) de milho	кукурузныя шматкі (м мн)	[kuku'ruzni¹a ʃmat'ki]
mel (m)	мёд (м)	['m¹ot]
geleia (m)	джэм (м)	['dʒɛm]
chiclete (m)	жавальная гумка (ж)	[ʒa'val¹na¹a 'ɦumka]

36. Bebidas

água (f)	вада (ж)	[va'da]
água (f) potável	пітная вада (ж)	[pit'na¹a va'da]
água (f) mineral	мінеральная вада (ж)	[mine'ral¹na¹a va'da]
sem gás (adj)	без газу	[b¹az 'ɦazu]
gaseificada (adj)	газіраваны	[ɦazira'vanɨ]
com gás	з газам	[z 'ɦazam]
gelo (m)	лёд (м)	['l¹ot]

com gelo	з лёдам	[zʲ ˈlʲodam]
não alcoólico (adj)	безалкагольны	[bezalkaˈɦɔlʲnɨ]
refrigerante (m)	безалкагольны напітак (м)	[bezalkaˈɦɔlʲnɨ naˈpitak]
refresco (m)	прахаладжальны напітак (м)	[prahalaˈdʒalʲnɨ naˈpitak]
limonada (f)	ліманад (м)	[limaˈnat]
bebidas (f pl) alcoólicas	алкагольныя напіткі (м мн)	[alkaˈɦɔlʲnɨʲa naˈpitki]
vinho (m)	віно (н)	[viˈnɔ]
vinho (m) branco	белае віно (н)	[ˈbelae viˈnɔ]
vinho (m) tinto	чырвонае віно (н)	[tʃɨrˈvɔnae viˈnɔ]
licor (m)	лікёр (м)	[liˈkʲor]
champanhe (m)	шампанскае (н)	[ʃamˈpanskae]
vermute (m)	вермут (м)	[ˈvermut]
uísque (m)	віскі (н)	[ˈviski]
vodca (f)	гарэлка (ж)	[ɦaˈrɛlka]
gim (m)	джын (м)	[ˈdʒɨn]
conhaque (m)	каньяк (м)	[kaˈnʲak]
rum (m)	ром (м)	[ˈrɔm]
café (m)	кава (ж)	[ˈkava]
café (m) preto	чорная кава (ж)	[ˈtʃɔrnaʲa ˈkava]
café (m) com leite	кава (ж) з малаком	[ˈkava z malaˈkɔm]
cappuccino (m)	кава (ж) з вяршкамі	[ˈkava zʲ vʲarʃˈkami]
café (m) solúvel	растваральная кава (ж)	[rastvaˈralʲnaʲa ˈkava]
leite (m)	малако (н)	[malaˈkɔ]
coquetel (m)	кактэйль (м)	[kakˈtɛjlʲ]
batida (f), milkshake (m)	малочны кактэйль (м)	[maˈlɔtʃnɨ kakˈtɛjlʲ]
suco (m)	сок (м)	[ˈsɔk]
suco (m) de tomate	таматны сок (м)	[taˈmatnɨ ˈsɔk]
suco (m) de laranja	апельсінавы сок (м)	[apelʲˈsinavɨ ˈsɔk]
suco (m) fresco	свежавыціснуты сок (м)	[sveʒaˈvɨtsisnutɨ ˈsɔk]
cerveja (f)	піва (н)	[ˈpiva]
cerveja (f) clara	светлае піва (н)	[ˈsvetlae ˈpiva]
cerveja (f) preta	цёмнае піва (н)	[ˈtsʲomnae ˈpiva]
chá (m)	чай (м)	[ˈtʃaj]
chá (m) preto	чорны чай (м)	[ˈtʃɔrnɨ ˈtʃaj]
chá (m) verde	зялёны чай (м)	[zʲaˈlʲonɨ ˈtʃaj]

37. Vegetais

vegetais (m pl)	гародніна (ж)	[ɦaˈrɔdnina]
verdura (f)	зелянína (ж)	[zelʲaˈnina]
tomate (m)	памідор (м)	[pamiˈdɔr]
pepino (m)	агурок (м)	[aɦuˈrɔk]
cenoura (f)	морква (ж)	[ˈmɔrkva]
batata (f)	бульба (ж)	[ˈbulʲba]

| cebola (f) | цыбуля (ж) | [tsi'bulʲa] |
| alho (m) | часнок (м) | [tʃas'nɔk] |

couve (f)	капуста (ж)	[ka'pusta]
couve-flor (f)	квяцістая капуста (ж)	[kvʲa'tsistaʲa ka'pusta]
couve-de-bruxelas (f)	брусельская капуста (ж)	[bru'selʲskaʲa ka'pusta]
brócolis (m pl)	капуста (ж) браколі	[ka'pusta bra'kɔli]

beterraba (f)	бурак (м)	[bu'rak]
berinjela (f)	баклажан (м)	[bakla'ʒan]
abobrinha (f)	кабачок (м)	[kaba'tʃɔk]
abóbora (f)	гарбуз (м)	[ħar'bus]
nabo (m)	рэпа (ж)	['rɛpa]

salsa (f)	пятрушка (ж)	[pʲat'ruʃka]
endro, aneto (m)	кроп (м)	['krɔp]
alface (f)	салата (ж)	[sa'lata]
aipo (m)	сельдэрэй (м)	[selʲdɛ'rɛj]
aspargo (m)	спаржа (ж)	['sparʒa]
espinafre (m)	шпінат (м)	[ʃpi'nat]

ervilha (f)	гарох (м)	[ħa'rɔh]
feijão (~ soja, etc.)	боб (м)	['bɔp]
milho (m)	кукуруза (ж)	[kuku'ruza]
feijão (m) roxo	фасоля (ж)	[fa'sɔlʲa]

pimentão (m)	перац (м)	['perats]
rabanete (m)	радыска (ж)	[ra'diska]
alcachofra (f)	артышок (м)	[arti'ʃɔk]

38. Frutos. Nozes

fruta (f)	фрукт (м)	['frukt]
maçã (f)	яблык (м)	['ʲablik]
pera (f)	груша (ж)	['ħruʃa]
limão (m)	лімон (м)	[li'mɔn]
laranja (f)	апельсін (м)	[apelʲ'sin]
morango (m)	клубніцы (ж мн)	[klub'nitsi]

tangerina (f)	мандарын (м)	[manda'rin]
ameixa (f)	сліва (ж)	['sliva]
pêssego (m)	персік (м)	['persik]
damasco (m)	абрыкос (м)	[abri'kɔs]
framboesa (f)	маліны (ж мн)	[ma'lini]
abacaxi (m)	ананас (м)	[ana'nas]

banana (f)	банан (м)	[ba'nan]
melancia (f)	кавун (м)	[ka'vun]
uva (f)	вінаград (м)	[vina'ħrat]
ginja (f)	вішня (ж)	['viʃnʲa]
cereja (f)	чарэшня (ж)	[tʃa'rɛʃnʲa]
melão (m)	дыня (ж)	['dinʲa]
toranja (f)	грэйпфрут (м)	[ħrɛjp'frut]
abacate (m)	авакада (н)	[ava'kada]

mamão (m)	папайя (ж)	[pa'paʲa]
manga (f)	манга (н)	['manɦa]
romã (f)	гранат (м)	[ɦra'nat]

groselha (f) vermelha	чырвоныя парэчкі (ж мн)	[ʧir'vɔniʲa pa'rɛʧki]
groselha (f) negra	чорныя парэчкі (ж мн)	['ʧɔrniʲa pa'rɛʧki]
groselha (f) espinhosa	агрэст (м)	[aɦ'rɛst]
mirtilo (m)	чарніцы (ж мн)	[ʧar'niʦi]
amora (f) silvestre	ажыны (ж мн)	[a'ʒini]

passa (f)	разынкі (ж мн)	[ra'zinki]
figo (m)	інжыр (м)	[in'ʒir]
tâmara (f)	фінік (м)	['finik]

amendoim (m)	арахіс (м)	[a'rahis]
amêndoa (f)	міндаль (м)	[min'dalʲ]
noz (f)	арэх (м)	[a'rɛh]
avelã (f)	арэх (м)	[a'rɛh]
coco (m)	арэх (м) какосавы	[a'rɛh ka'kɔsavi]
pistaches (m pl)	фісташкі (ж мн)	[fis'taʃki]

39. Pão. Bolaria

pastelaria (f)	кандытарскія вырабы (м мн)	[kan'ditarskiʲa 'virabi]
pão (m)	хлеб (м)	['hlep]
biscoito (m), bolacha (f)	печыва (н)	['peʧiva]

chocolate (m)	шакалад (м)	[ʃaka'lat]
de chocolate	шакаладны	[ʃaka'ladni]
bala (f)	цукерка (ж)	[ʦu'kerka]
doce (bolo pequeno)	піgrожнае (н)	[pi'rɔʒnae]
bolo (m) de aniversário	торт (м)	['tɔrt]

torta (f)	піраг (м)	[pi'rɔɦ]
recheio (m)	начынка (ж)	[na'ʧinka]

geleia (m)	варэнне (н)	[va'rɛnne]
marmelada (f)	мармелад (м)	[marme'lat]
wafers (m pl)	вафлі (ж мн)	['vafli]
sorvete (m)	марожанае (н)	[ma'rɔʒanae]

40. Pratos cozinhados

prato (m)	страва (ж)	['strava]
cozinha (~ portuguesa)	кухня (ж)	['kuhnʲa]
receita (f)	рэцэпт (м)	[rɛ'ʦɛpt]
porção (f)	порцыя (ж)	['pɔrtsiʲa]

salada (f)	салата (ж)	[sa'lata]
sopa (f)	суп (м)	['sup]
caldo (m)	булён (м)	[bu'lʲon]

sanduíche (m)	бутэрброд (м)	[butɛr'brɔt]
ovos (m pl) fritos	яечня (ж)	[ʲa'etʃnʲa]

hambúrguer (m)	гамбургер (м)	['ɦamburɦer]
bife (m)	біфштэкс (м)	[bif'ʃtɛks]

acompanhamento (m)	гарнір (м)	[ɦar'nir]
espaguete (m)	спагеці (мн)	[spa'ɦetsi]
purê (m) de batata	бульбяное пюрэ (н)	[bulʲbʲa'nɔe pʉ'rɛ]
pizza (f)	піца (ж)	['pitsa]
mingau (m)	каша (ж)	['kaʃa]
omelete (f)	амлет (м)	[am'let]

fervido (adj)	вараны	['varani]
defumado (adj)	вэнджаны	['vɛndʒani]
frito (adj)	смажаны	['smaʒani]
seco (adj)	сушаны	['suʃani]
congelado (adj)	замарожаны	[zama'rɔʒani]
em conserva (adj)	марынаваны	[marina'vani]

doce (adj)	салодкі	[sa'lɔtki]
salgado (adj)	салёны	[sa'lʲoni]
frio (adj)	халодны	[ɦa'lɔdni]
quente (adj)	гарачы	[ɦa'ratʃi]
amargo (adj)	горкі	['ɦɔrki]
gostoso (adj)	смачны	['smatʃni]

cozinhar em água fervente	варыць	[va'ritsʲ]
preparar (vt)	гатаваць	[ɦata'vatsʲ]
fritar (vt)	смажыць	['smaʒitsʲ]
aquecer (vt)	разаграваць	[razaɦra'vatsʲ]

salgar (vt)	саліць	[sa'litsʲ]
apimentar (vt)	перчыць	['pertʃitsʲ]
ralar (vt)	драць	['dratsʲ]
casca (f)	лупіна (ж)	[lu'pina]
descascar (vt)	абіраць	[abi'ratsʲ]

41. Especiarias

sal (m)	соль (ж)	['sɔlʲ]
salgado (adj)	салёны	[sa'lʲoni]
salgar (vt)	саліць	[sa'litsʲ]

pimenta-do-reino (f)	чорны перац (м)	['tʃorni 'perats]
pimenta (f) vermelha	чырвоны перац (м)	[tʃir'vɔni 'perats]
mostarda (f)	гарчыца (ж)	[ɦar'tʃitsa]
raiz-forte (f)	хрэн (м)	['ɦrɛn]

condimento (m)	прыправа (ж)	[prip'rava]
especiaria (f)	духмяная спецыя (ж)	[duh'mʲanaʲa 'spetsiʲa]
molho (~ inglês)	соус (м)	['sɔus]
vinagre (m)	воцат (м)	['vɔtsat]
anis estrelado (m)	аніс (м)	[a'nis]

manjericão (m)	базілік (м)	[bazi'lik]
cravo (m)	гваздзіка (ж)	[ɦvazʲ'dzika]
gengibre (m)	імбір (м)	[im'bir]
coentro (m)	каляндра (ж)	[ka'lʲandra]
canela (f)	карыца (ж)	[ka'ritsa]

gergelim (m)	кунжут (м)	[kun'ʒut]
folha (f) de louro	лаўровы ліст (м)	[law'rɔvi 'list]
páprica (f)	папрыка (ж)	['paprika]
cominho (m)	кмен (м)	['kmen]
açafrão (m)	шафран (м)	[ʃafˈran]

42. Refeições

| comida (f) | ежа (ж) | ['eʒa] |
| comer (vt) | есці | ['esʲtsi] |

café (m) da manhã	сняданак (м)	[snʲa'danak]
tomar café da manhã	снедаць	['snedatsʲ]
almoço (m)	абед (м)	[a'bet]
almoçar (vi)	абедаць	[a'bedatsʲ]
jantar (m)	вячэра (ж)	[vʲa'tʃɛra]
jantar (vi)	вячэраць	[vʲa'tʃɛratsʲ]

| apetite (m) | апетыт (м) | [ape'tit] |
| Bom apetite! | Смачна есці! | [smatʃna 'esʲtsi] |

abrir (~ uma lata, etc.)	адкрываць	[atkri'vatsʲ]
derramar (~ líquido)	разліць	[raz'litsʲ]
derramar-se (vr)	разліцца	[raz'litsa]

ferver (vi)	кіпець	[ki'petsʲ]
ferver (vt)	кіпяціць	[kipʲa'tsitsʲ]
fervido (adj)	кіпячоны	[kipʲa'tʃoni]
esfriar (vt)	астудзіць	[astu'dzitsʲ]
esfriar-se (vr)	астуджвацца	[as'tudʒvatsa]

| sabor, gosto (m) | смак (м) | ['smak] |
| fim (m) de boca | прысмак (м) | ['prismak] |

emagrecer (vi)	худзець	[hu'dzetsʲ]
dieta (f)	дыета (ж)	[di'eta]
vitamina (f)	вітамін (м)	[vita'min]
caloria (f)	калорыя (ж)	[ka'lɔrʲia]

| vegetariano (m) | вегетарыянец (м) | [veɦetariʲ'anets] |
| vegetariano (adj) | вегетарыянскі | [veɦetariʲ'anski] |

gorduras (f pl)	тлушчы (м мн)	[tlu'ʃɕi]
proteínas (f pl)	бялкі (м мн)	[bʲal'ki]
carboidratos (m pl)	вугляводы (м мн)	[vuɦlʲa'vɔdi]
fatia (~ de limão, etc.)	лустачка (ж)	['lustatʃka]
pedaço (~ de bolo)	кавалак (м)	[ka'valak]
migalha (f), farelo (m)	крошка (ж)	['krɔʃka]

43. Por a mesa

colher (f)	лыжка (ж)	['liʃka]
faca (f)	нож (м)	['nɔʃ]
garfo (m)	відэлец (м)	[vi'dɛlets]
xícara (f)	кубак (м)	['kubak]
prato (m)	талерка (ж)	[ta'lerka]
pires (m)	сподак (м)	['spɔdak]
guardanapo (m)	сурвэтка (ж)	[sur'vɛtka]
palito (m)	зубачыстка (ж)	[zuba'tʃistka]

44. Restaurante

restaurante (m)	рэстаран (м)	[rɛsta'ran]
cafeteria (f)	кавярня (ж)	[ka'vʲarnʲa]
bar (m), cervejaria (f)	бар (м)	['bar]
salão (m) de chá	чайны салон (м)	['tʃajnɨ sa'lɔn]
garçom (m)	афіцыянт (м)	[afitsiʲant]
garçonete (f)	афіцыянтка (ж)	[afitsiʲantka]
barman (m)	бармэн (м)	[bar'mɛn]
cardápio (m)	меню (н)	[me'nʉ]
lista (f) de vinhos	карта (ж) вінаў	['karta 'vinaw]
reservar uma mesa	забраніраваць столік	[zabra'niravatsʲ 'stɔlik]
prato (m)	страва (ж)	['strava]
pedir (vt)	заказаць	[zaka'zatsʲ]
fazer o pedido	зрабіць заказ	[zra'bitsʲ za'kas]
aperitivo (m)	аперытыў (м)	[aperi'tiw]
entrada (f)	закуска (ж)	[za'kuska]
sobremesa (f)	дэсерт (м)	[dɛ'sert]
conta (f)	рахунак (м)	[ra'hunak]
pagar a conta	аплаціць рахунак	[apla'tsitsʲ ra'hunak]
dar o troco	даць рэшту	['datsʲ 'rɛʃtu]
gorjeta (f)	чаявыя (мн)	[tʃaʲa'vʲʲa]

Família, parentes e amigos

45. Informação pessoal. Formulários

nome (m)	імя (н)	[i'mʲa]
sobrenome (m)	прозвішча (н)	['prɔzʲviʃca]
data (f) de nascimento	дата (ж) нараджэння	['data nara'dʒɛnnʲa]
local (m) de nascimento	месца (н) нараджэння	['mesʲtsa nara'dʒɛnnʲa]
nacionalidade (f)	нацыянальнасць (ж)	[natsʲiaʲnalʲnastsʲ]
lugar (m) de residência	месца (н) жыхарства	['mesʲtsa ʒiʲharstva]
país (m)	краіна (ж)	[kra'ina]
profissão (f)	прафесія (ж)	[pra'fesiʲa]
sexo (m)	пол (м)	['pɔl]
estatura (f)	рост (м)	['rɔst]
peso (m)	вага (ж)	[va'ɦa]

46. Membros da família. Parentes

mãe (f)	маці (ж)	['matsi]
pai (m)	бацька (м)	['batsʲka]
filho (m)	сын (м)	['sin]
filha (f)	дачка (ж)	[datʃ'ka]
caçula (f)	малодшая дачка (ж)	[ma'lɔtʃaʲa datʃ'ka]
caçula (m)	малодшы сын (м)	[ma'lɔtʃɨ 'sin]
filha (f) mais velha	старэйшая дачка (ж)	[sta'rɛjʃaʲa datʃ'ka]
filho (m) mais velho	старэйшы сын (м)	[sta'rɛjʃɨ 'sin]
irmão (m)	брат (м)	['brat]
irmão (m) mais velho	старшы брат (м)	['starʃɨ 'brat]
irmão (m) mais novo	меншы брат (м)	['menʃɨ 'brat]
irmã (ж)	сястра (ж)	[sʲast'ra]
irmã (f) mais velha	старшая сястра (ж)	['starʃaʲa sʲas'tra]
irmã (f) mais nova	малодшая сястра (ж)	[ma'lɔtʃaʲa sʲas'tra]
primo (m)	стрыечны брат (м)	[stri'etʃnɨ 'brat]
prima (f)	стрыечная сястра (ж)	[stri'etʃnaʲa sʲas'tra]
mamãe (f)	мама (ж)	['mama]
papai (m)	тата (м)	['tata]
pais (pl)	бацькі (мн)	[batsʲ'ki]
criança (f)	дзіця (н)	[dzi'tsʲa]
crianças (f pl)	дзеці (н мн)	['dzetsi]
avó (f)	бабуля (ж)	[ba'bulʲa]
avô (m)	дзядуля (м)	[dzʲa'dulʲa]
neto (m)	унук (м)	[u'nuk]

neta (f)	унучка (ж)	[u'nutʃka]
netos (pl)	унукі (м мн)	[u'nuki]
tio (m)	дзядзька (м)	['dzʲatsʲka]
tia (f)	цётка (ж)	['tsʲotka]
sobrinho (m)	пляменнік (м)	[plʲa'mennik]
sobrinha (f)	пляменніца (ж)	[plʲa'mennitsa]
sogra (f)	цешча (ж)	['tseʃɕa]
sogro (m)	свёкар (м)	['svʲokar]
genro (m)	зяць (м)	['zʲatsʲ]
madrasta (f)	мачаха (ж)	['matʃaha]
padrasto (m)	айчым (м)	[aj'tʃɨm]
criança (f) de colo	груднае дзіця (н)	[ɦrud'nɔe dzi'tsʲa]
bebê (m)	немаўля (н)	[nemaw'lʲa]
menino (m)	малыш (м)	[ma'lɨʃ]
mulher (f)	жонка (ж)	['ʒɔnka]
marido (m)	муж (м)	['muʃ]
esposo (m)	муж (м)	['muʃ]
esposa (f)	жонка (ж)	['ʒɔnka]
casado (adj)	жанаты	[ʒa'natɨ]
casada (adj)	замужняя	[za'muʒnæʲa]
solteiro (adj)	халасты	[ɦalas'tɨ]
solteirão (m)	халасцяк (м)	[ɦalas'tsʲak]
divorciado (adj)	разведзены	[raz'vedzenɨ]
viúva (f)	удава (ж)	[u'dava]
viúvo (m)	удавец (м)	[uda'vets]
parente (m)	сваяк (м)	[sva'ʲak]
parente (m) próximo	блізкі сваяк (м)	[bliski sva'ʲak]
parente (m) distante	далёкі сваяк (м)	[da'lʲoki sva'ʲak]
parentes (m pl)	сваякі (м мн)	[svaʲa'ki]
órfão (m), órfã (f)	сірата (м, ж)	[sira'ta]
tutor (m)	апякун (м)	[apʲa'kun]
adotar (um filho)	усынавіць	[usina'vitsʲ]
adotar (uma filha)	удачарыць	[udatʃa'rɨtsʲ]

Medicina

47. Doenças

doença (f)	хвароба (ж)	[hva'rɔba]
estar doente	хварэць	[hva'rɛtsʲ]
saúde (f)	здароўе (н)	[zda'rɔwe]
nariz (m) escorrendo	насмарк (м)	['nasmark]
amigdalite (f)	ангіна (ж)	[an'ɦina]
resfriado (m)	прастуда (ж)	[pra'studa]
ficar resfriado	прастудзіцца	[prastu'dzitsa]
bronquite (f)	бранхіт (м)	[bran'hit]
pneumonia (f)	запаленне (н) лёгкіх	[zapa'lenne 'lʲoɦkih]
gripe (f)	грып (м)	['ɦrip]
míope (adj)	блізарукі	[bliza'ruki]
presbita (adj)	дальназоркі	[dalʲna'zɔrki]
estrabismo (m)	касавокасць (ж)	[kasa'vɔkastsʲ]
estrábico, vesgo (adj)	касавокі	[kasa'vɔki]
catarata (f)	катаракта (ж)	[kata'rakta]
glaucoma (m)	глаўкома (ж)	[ɦlaw'kɔma]
AVC (m), apoplexia (f)	інсульт (м)	[in'sulʲt]
ataque (m) cardíaco	інфаркт (м)	[in'farkt]
enfarte (m) do miocárdio	інфаркт (м) міякарда	[in'farkt miʲa'karda]
paralisia (f)	параліч (м)	[para'litʃ]
paralisar (vt)	паралізаваць	[paraliza'vatsʲ]
alergia (f)	алергія (ж)	[aler'ɦiʲa]
asma (f)	астма (ж)	['astma]
diabetes (f)	дыябет (м)	[dʲʲa'bet]
dor (f) de dente	зубны боль (м)	[zub'nɪ 'bɔlʲ]
cárie (f)	карыес (м)	['karies]
diarreia (f)	дыярэя (ж)	[dʲʲa'rɛʲa]
prisão (f) de ventre	запор (м)	[za'pɔr]
desarranjo (m) intestinal	расстройства (н) страўніка	[ras'strɔjstva 'strawnika]
intoxicação (f) alimentar	атручванне (н)	[a'trutʃvanne]
intoxicar-se	атруціцца	[atru'tsitsa]
artrite (f)	артрыт (м)	[art'rit]
raquitismo (m)	рахіт (м)	[ra'hit]
reumatismo (m)	рэўматызм (м)	[rɛwma'tizm]
arteriosclerose (f)	атэрасклероз (м)	[atɛraskle'rɔs]
gastrite (f)	гастрыт (м)	[ɦas'trit]
apendicite (f)	апендыцыт (м)	[apendi'tsit]

| colecistite (f) | халецыстыт (м) | [haletsis'tit] |
| úlcera (f) | язва (ж) | ['ʲazva] |

sarampo (m)	адзёр (м)	[a'dzʲor]
rubéola (f)	краснуха (ж)	[kras'nuha]
icterícia (f)	жаўтуха (ж)	[ʒaw'tuha]
hepatite (f)	гепатыт (м)	[ħepa'tit]

esquizofrenia (f)	шызафрэнія (ж)	[ʃizafrɛ'niʲa]
raiva (f)	шаленства (н)	[ʃa'lenstva]
neurose (f)	неўроз (м)	[new'rɔs]
contusão (f) cerebral	страсенне (н) мазгоў	[stra'senne maz'ħow]

câncer (m)	рак (м)	['rak]
esclerose (f)	склероз (м)	[skle'rɔs]
esclerose (f) múltipla	рассеяны склероз (м)	[ras'seʲanɨ skle'rɔs]

alcoolismo (m)	алкагалізм (м)	[alkaħa'lizm]
alcoólico (m)	алкаголік (м)	[alka'ħolik]
sífilis (f)	сіфіліс (м)	['sifilis]
AIDS (f)	СНІД (м)	['snit]

tumor (m)	пухліна (ж)	[puh'lina]
maligno (adj)	злаякасная	[zla'ʲakasnaʲa]
benigno (adj)	дабраякасная	[dabra'ʲakasnaʲa]

febre (f)	ліхаманка (ж)	[liha'manka]
malária (f)	малярыя (ж)	[malʲa'riʲa]
gangrena (f)	гангрэна (ж)	[ħan'ħrɛna]
enjoo (m)	марская хвароба (ж)	[mar'skaʲa hva'rɔba]
epilepsia (f)	эпілепсія (ж)	[ɛpi'lepsiʲa]

epidemia (f)	эпідэмія (ж)	[ɛpi'dɛmiʲa]
tifo (m)	тыф (м)	['tif]
tuberculose (f)	сухоты (мн)	[su'hoti]
cólera (f)	халера (ж)	[ha'lera]
peste (f) bubônica	чума (ж)	[ʧu'ma]

48. Sintomas. Tratamentos. Parte 1

sintoma (m)	сімптом (м)	[simp'tɔm]
temperatura (f)	тэмпература (ж)	[tɛmpera'tura]
febre (f)	высокая тэмпература (ж)	[vi'sɔkaʲa tɛmpera'tura]
pulso (m)	пульс (м)	['pulʲs]

vertigem (f)	галавакружэнне (н)	[ħalava'kruʒenne]
quente (testa, etc.)	гарачы	[ħa'ratʃi]
calafrio (m)	дрыжыкі (мн)	['driʒiki]
pálido (adj)	бледны	['bledni]

tosse (f)	кашаль (м)	['kaʃalʲ]
tossir (vi)	кашляць	['kaʃlʲatsʲ]
espirrar (vi)	чхаць	['ʧhatsʲ]
desmaio (m)	непрытомнасць (ж)	[nepri'tomnastsʲ]

desmaiar (vi)	страціць прытомнасць	[stratsits pri'tomnastsʲ]
mancha (f) preta	сіняк (м)	[si'nʲak]
galo (m)	гуз (м)	['ɦus]
machucar-se (vr)	стукнуцца	['stuknutsa]
contusão (f)	выцятае месца (н)	[vitsʲatae 'mestsa]
machucar-se (vr)	выцяцца	['vitsʲatsa]
mancar (vi)	кульгаць	[kulʲ'ɦatsʲ]
deslocamento (f)	звіх (м)	['zʲvih]
deslocar (vt)	звіхнуць	[zʲvih'nutsʲ]
fratura (f)	пералом (м)	[pera'lɔm]
fraturar (vt)	атрымаць пералом	[atri'matsʲ pera'lɔm]
corte (m)	парэз (м)	[pa'rɛs]
cortar-se (vr)	парэзацца	[pa'rɛzatsa]
hemorragia (f)	крывацёк (м)	[kriva'tsʲok]
queimadura (f)	апёк (м)	[a'pʲok]
queimar-se (vr)	апячыся	[apʲa'tʃisʲa]
picar (vt)	укалоць	[uka'lɔtsʲ]
picar-se (vr)	укалоцца	[uka'lɔtsa]
lesionar (vt)	пашкодзіць	[paʃ'kodzitsʲ]
lesão (m)	пашкоджанне (н)	[paʃ'kodʒanne]
ferida (f), ferimento (m)	рана (ж)	['rana]
trauma (m)	траўма (ж)	['trawma]
delirar (vi)	трызніць	['trizʲnitsʲ]
gaguejar (vi)	заікацца	[zai'katsa]
insolação (f)	сонечны ўдар (м)	['sɔnetʃnɨ u'dar]

49. Sintomas. Tratamentos. Parte 2

dor (f)	боль (м)	['bɔlʲ]
farpa (no dedo, etc.)	стрэмка (ж)	['strɛmka]
suor (m)	пот (м)	['pɔt]
suar (vi)	пацець	[pa'tsetsʲ]
vômito (m)	ваніты (мн)	[va'niti]
convulsões (f pl)	сутаргі (ж мн)	['sutarɦi]
grávida (adj)	цяжарная	[tsʲa'ʒarnaʲa]
nascer (vi)	нарадзіцца	[nara'dzitsa]
parto (m)	роды (мн)	['rɔdi]
dar à luz	нараджаць	[nara'dʒatsʲ]
aborto (m)	аборт (м)	[a'bɔrt]
respiração (f)	дыханне (н)	[di'hanne]
inspiração (f)	удых (м)	[u'dih]
expiração (f)	выдых (м)	['vidih]
expirar (vi)	выдыхнуць	['vidihnutsʲ]
inspirar (vi)	зрабіць удых	[zra'bitsʲ u'dih]
inválido (m)	інвалід (м)	[inva'lit]
aleijado (m)	калека (м, ж)	[ka'leka]

drogado (m)	наркаман (м)	[narka'man]
surdo (adj)	глухі	[ɦlu'hi]
mudo (adj)	нямы	[nʲa'mi]
surdo-mudo (adj)	глуханямы	[ɦluhanʲa'mi]

louco, insano (adj)	звар'яцелы	[zvarʲa'tseli]
louco (m)	вар'ят (м)	[va'rʲʲat]
louca (f)	вар'ятка (ж)	[va'rʲʲatka]
ficar louco	звар'яцець	[zvarʲa'tsetsʲ]

gene (m)	ген (м)	['ɦen]
imunidade (f)	імунітэт (м)	[imuni'tɛt]
hereditário (adj)	спадчынны	['spatʃinni]
congênito (adj)	прыроджаны	[pri'rɔdʒani]

vírus (m)	вірус (м)	['virus]
micróbio (m)	мікроб (м)	[mik'rɔp]
bactéria (f)	бактэрыя (ж)	[bak'tɛriʲa]
infecção (f)	інфекцыя (ж)	[in'fektsiʲa]

50. Sintomas. Tratamentos. Parte 3

hospital (m)	бальніца (ж)	[balʲ'nitsa]
paciente (m)	пацыент (м)	[patsi'ent]

diagnóstico (m)	дыягназ (м)	[dʲ'aɦnas]
cura (f)	лячэнне (н)	[lʲa'tʃɛnne]
curar-se (vr)	лячыцца	[lʲa'tʃitsa]
tratar (vt)	лячыць	[lʲa'tʃitsʲ]
cuidar (pessoa)	даглядаць	[daɦlʲa'datsʲ]
cuidado (m)	догляд (м)	['dɔɦlʲat]

operação (f)	аперацыя (ж)	[ape'ratsiʲa]
enfaixar (vt)	перавязаць	[peravʲa'zatsʲ]
enfaixamento (m)	перавязванне (н)	[pera'vʲazvanne]

vacinação (f)	прышчэпка (ж)	[pri'ʃɕɛpka]
vacinar (vt)	рабіць прышчэпку	[ra'bitsʲ pri'ʃɕɛpku]
injeção (f)	укол (м)	[u'kɔl]
dar uma injeção	рабіць укол	[ra'bitsʲ u'kɔl]

ataque (~ de asma, etc.)	прыступ, прыпадак (м)	[pristup], [pri'padak]
amputação (f)	ампутацыя (ж)	[ampu'tatsiʲa]
amputar (vt)	ампутаваць	[amputa'vatsʲ]
coma (f)	кома (ж)	['kɔma]
estar em coma	быць у коме	[bitsʲ u 'kɔme]
reanimação (f)	рэанімацыя (ж)	[rɛani'matsiʲa]

recuperar-se (vr)	папраўляцца	[papraw'lʲatsa]
estado (~ de saúde)	стан (м)	['stan]
consciência (perder a ~)	прытомнасць (ж)	[pri'tɔmnastsʲ]
memória (f)	памяць (ж)	['pamʲatsʲ]
tirar (vt)	вырываць	[viri'vatsʲ]
obturação (f)	пломба (ж)	['plɔmba]

obturar (vt)	пламбіраваць	[plambira'vatsʲ]
hipnose (f)	гіпноз (м)	[ɦip'nɔs]
hipnotizar (vt)	гіпнатызаваць	[ɦipnatiza'vatsʲ]

51. Médicos

médico (m)	урач (м)	[u'ratʃ]
enfermeira (f)	медсястра (ж)	[metsʲas'tra]
médico (m) pessoal	асабісты ўрач (м)	[asa'bistɨ 'wratʃ]
dentista (m)	дантыст (м)	[dan'tist]
oculista (m)	акуліст (м)	[aku'list]
terapeuta (m)	тэрапеўт (м)	[tɛra'pewt]
cirurgião (m)	хірург (м)	[hi'rurɦ]
psiquiatra (m)	псіхіятр (м)	[psihiʲatr]
pediatra (m)	педыятр (м)	[pediʲatr]
psicólogo (m)	псіхолаг (м)	[psi'hɔlaɦ]
ginecologista (m)	гінеколаг (м)	[ɦine'kɔlaɦ]
cardiologista (m)	кардыёлаг (м)	[kardiʲolaɦ]

52. Medicina. Drogas. Acessórios

medicamento (m)	лякарства (н)	[lʲa'karstva]
remédio (m)	сродак (м)	['srɔdak]
receitar (vt)	прапісаць	[prapi'satsʲ]
receita (f)	рэцэпт (м)	[rɛ'tsɛpt]
comprimido (m)	таблетка (ж)	[tab'letka]
unguento (m)	мазь (ж)	['masʲ]
ampola (f)	ампула (ж)	['ampula]
solução, preparado (m)	мікстура (ж)	[miks'tura]
xarope (m)	сіроп (м)	[si'rɔp]
cápsula (f)	пілюля (ж)	[pi'lʲulʲa]
pó (m)	парашок (м)	[para'ʃok]
atadura (f)	бінт (м)	['bint]
algodão (m)	вата (ж)	['vata]
iodo (m)	ёд (м)	[ʲot]
curativo (m) adesivo	лейкапластыр (м)	[lejka'plastir]
conta-gotas (m)	піпетка (ж)	[pi'petka]
termômetro (m)	градуснік (м)	['ɦradusnik]
seringa (f)	шпрыц (м)	['ʃprits]
cadeira (f) de rodas	каляска (ж)	[ka'lʲaska]
muletas (f pl)	мыліцы (ж мн)	['mɨlitsi]
analgésico (m)	абязбольвальнае (н)	[abʲaz'bɔlʲvalʲnae]
laxante (m)	слабіцельнае (н)	[sla'bitselʲnae]
álcool (m)	спірт (м)	['spirt]
ervas (f pl) medicinais	трава (ж)	[tra'va]
de ervas (chá ~)	травяны	[travʲa'nɨ]

HABITAT HUMANO

Cidade

53. Cidade. Vida na cidade

cidade (f)	горад (м)	['ɦɔrat]
capital (f)	сталіца (ж)	[sta'litsa]
aldeia (f)	вёска (ж)	['vʲoska]
mapa (m) da cidade	план (м) горада	['plan 'ɦɔrada]
centro (m) da cidade	цэнтр (м) горада	['ʦɛntr 'ɦɔrada]
subúrbio (m)	прыгарад (м)	['priɦarat]
suburbano (adj)	прыгарадны	['priɦaradnɨ]
periferia (f)	ускраіна (ж)	[us'kraina]
arredores (m pl)	наваколле (н)	[nava'kɔlle]
quarteirão (m)	квартал (м)	[kvar'tal]
quarteirão (m) residencial	жылы квартал (м)	[ʒɨ'lɨ kvar'tal]
tráfego (m)	вулічны рух (м)	['vulitʃnɨ 'ruh]
semáforo (m)	святлафор (м)	[svʲatla'fɔr]
transporte (m) público	гарадскі транспарт (м)	[ɦara'tski 'transpart]
cruzamento (m)	скрыжаванне (н)	[skriʒa'vanne]
faixa (f)	пешаходны пераход (м)	[peʃa'ɦɔdni pera'ɦɔt]
túnel (m) subterrâneo	падземны пераход (м)	[pa'dzemni pera'ɦɔt]
cruzar, atravessar (vt)	пераходзіць	[pera'ɦɔdzitsʲ]
pedestre (m)	пешаход (м)	[peʃa'ɦɔt]
calçada (f)	ходнік (м)	['ɦɔdnik]
ponte (f)	мост (м)	['mɔst]
margem (f) do rio	набярэжная (ж)	[nabʲa'rɛʒnaʲa]
fonte (f)	фантан (м)	[fan'tan]
alameda (f)	алея (ж)	[a'leʲa]
parque (m)	парк (м)	['park]
bulevar (m)	бульвар (м)	[bulʲ'var]
praça (f)	плошча (ж)	['plɔʃʨa]
avenida (f)	праспект (м)	[pras'pekt]
rua (f)	вуліца (ж)	['vulitsa]
travessa (f)	завулак (м)	[za'vulak]
beco (m) sem saída	тупік (м)	[tu'pik]
casa (f)	дом (м)	['dɔm]
edifício, prédio (m)	будынак (м)	[bu'dɨnak]
arranha-céu (m)	хмарачос (м)	[hmara'ʧɔs]
fachada (f)	фасад (м)	[fa'sat]
telhado (m)	дах (м)	['dah]

janela (f)	акно (н)	[ak'nɔ]
arco (m)	арка (ж)	['arka]
coluna (f)	калона (ж)	[ka'lɔna]
esquina (f)	рог (м)	['rɔɦ]

vitrine (f)	вітрына (ж)	[vit'rina]
letreiro (m)	шыльда (ж)	['ʃilʲda]
cartaz (do filme, etc.)	афіша (ж)	[a'fiʃa]
cartaz (m) publicitário	рэкламны плакат (м)	[rɛk'lamnɨ pla'kat]
painel (m) publicitário	рэкламны шчыт (м)	[rɛk'lamnɨ 'ʃɕit]

lixo (m)	смецце (н)	['smetse]
lata (f) de lixo	урна (ж)	['urna]
jogar lixo na rua	насмечваць	[nas'metʃvatsʲ]
aterro (m) sanitário	сметнік (м)	['smetnik]

orelhão (m)	тэлефонная будка (ж)	[tɛle'fɔnnaʲa 'butka]
poste (m) de luz	ліхтарны слуп (м)	[lih'tarnɨ 'slup]
banco (m)	лаўка (ж)	['lawka]

polícia (m)	паліцэйскі (м)	[pali'tsɛjski]
polícia (instituição)	паліцыя (ж)	[pa'litsɨʲa]
mendigo, pedinte (m)	жабрак (м)	[ʒab'rak]
desabrigado (m)	беспрытульны (м)	[bespri'tulʲnɨ]

54. Instituições urbanas

loja (f)	крама (ж)	['krama]
drogaria (f)	аптэка (ж)	[ap'tɛka]
ótica (f)	оптыка (ж)	['ɔptika]
centro (m) comercial	гандлёвы цэнтр (м)	[ɦand'lʲovɨ 'tsɛntr]
supermercado (m)	супермаркет (м)	[super'market]

padaria (f)	булачная (ж)	['bulatʃnaʲa]
padeiro (m)	пекар (м)	['pekar]
pastelaria (f)	кандытарская (ж)	[kan'ditarskaʲa]
mercearia (f)	бакалея (ж)	[baka'leʲa]
açougue (m)	мясная крама (ж)	[mʲas'naʲa 'krama]

fruteira (f)	крама (ж) гароднiны	['krama ɦa'rɔdninɨ]
mercado (m)	рынак (м)	['rinak]

cafeteria (f)	кавярня (ж)	[ka'vʲarnʲa]
restaurante (m)	рэстаран (м)	[rɛsta'ran]
bar (m)	піўная (ж)	[piw'naʲa]
pizzaria (f)	піцэрыя (ж)	[pi'tsɛrɨʲa]

salão (m) de cabeleireiro	цырульня (ж)	[tsɨ'rulʲnʲa]
agência (f) dos correios	пошта (ж)	['pɔʃta]
lavanderia (f)	хімчыстка (ж)	[him'tʃistka]
estúdio (m) fotográfico	фотаатэлье (н)	[fɔtaatɛ'lʲe]

sapataria (f)	абуткова́я крама (ж)	[abut'kɔvaʲa 'krama]
livraria (f)	кнігарня (ж)	[kni'ɦarnʲa]

loja (f) de artigos esportivos	спартыўная крама (ж)	[spar'tiwna'a 'krama]
costureira (m)	рамонт (м) адзення	[ra'mɔnt a'dzennʲa]
aluguel (m) de roupa	пракат (м) адзення	[pra'kat a'dzennʲa]
videolocadora (f)	пракат (м) фільмаў	[pra'kat 'filʲmaw]
circo (m)	цырк (м)	['tsɨrk]
jardim (m) zoológico	заапарк (м)	[zaa'park]
cinema (m)	кінатэатр (м)	[kinatɛ'atr]
museu (m)	музей (м)	[mu'zej]
biblioteca (f)	бібліятэка (ж)	[biblʲa'tɛka]
teatro (m)	тэатр (м)	[tɛ'atr]
ópera (f)	опера (ж)	['ɔpera]
boate (casa noturna)	начны клуб (м)	[natʃʲnɨ 'klup]
cassino (m)	казіно (н)	[kazi'nɔ]
mesquita (f)	мячэць (ж)	[mʲa'tʃɛtsʲ]
sinagoga (f)	сінагога (ж)	[sina'ɦɔɦa]
catedral (f)	сабор (м)	[sa'bɔr]
templo (m)	храм (м)	['hram]
igreja (f)	царква (ж)	[tsark'va]
faculdade (f)	інстытут (м)	[insti'tut]
universidade (f)	універсітэт (м)	[universi'tɛt]
escola (f)	школа (ж)	['ʃkɔla]
prefeitura (f)	прэфектура (ж)	[prɛfek'tura]
câmara (f) municipal	мэрыя (ж)	['mɛrʲʲa]
hotel (m)	гасцініца (ж)	[ɦas'tsinitsa]
banco (m)	банк (м)	['bank]
embaixada (f)	пасольства (н)	[pa'sɔlʲstva]
agência (f) de viagens	турагенцтва (н)	[tura'ɦentstva]
agência (f) de informações	бюро (н) даведак	[bʉ'rɔ da'vedak]
casa (f) de câmbio	абменны пункт (м)	[ab'mennɨ 'punkt]
metrô (m)	метро (н)	[me'trɔ]
hospital (m)	бальніца (ж)	[balʲ'nitsa]
posto (m) de gasolina	бензазапраўка (ж)	['benza za'prawka]
parque (m) de estacionamento	аўтастаянка (ж)	[awtasta'ʲanka]

55. Sinais

letreiro (m)	шыльда (ж)	['ʃilʲda]
aviso (m)	надпіс (м)	['natpis]
cartaz, pôster (m)	плакат (м)	[pla'kat]
placa (f) de direção	паказальнік (м)	[paka'zalʲnik]
seta (f)	стрэлка (ж)	['strɛlka]
aviso (advertência)	перасцярога (ж)	[perastsʲa'rɔɦa]
sinal (m) de aviso	папярэджанне (н)	[papʲa'rɛdʒanne]
avisar, advertir (vt)	папярэджваць	[papʲa'rɛdʒvatsʲ]
dia (m) de folga	выхадны дзень (м)	[vɨhad'nɨ 'dzenʲ]

horário (~ dos trens, etc.)	расклад (м)	[ras'klat]
horário (m)	гадзіны (ж мн) працы	[ħa'dzini 'pratsi]
BEM-VINDOS!	САРДЭЧНА ЗАПРАШАЕМ!	[sar'dɛtʃna zapra'ʃaem]
ENTRADA	УВАХОД	[uva'hɔt]
SAÍDA	ВЫХАД	['vihat]
EMPURRE	АД СЯБЕ	[at sʲa'be]
PUXE	НА СЯБЕ	[na sʲa'be]
ABERTO	АДЧЫНЕНА	[a'tʃinena]
FECHADO	ЗАЧЫНЕНА	[za'tʃinena]
MULHER	ДЛЯ ЖАНЧЫН	[dlʲa ʒan'tʃin]
HOMEM	ДЛЯ МУЖЧЫН	[dlʲa mu'ʃɕin]
DESCONTOS	СКІДКІ	['skitki]
SALDOS, PROMOÇÃO	РАСПРОДАЖ	[ras'prɔdaʃ]
NOVIDADE!	НАВІНКА!	[na'vinka]
GRÁTIS	БЯСПЛАТНА	[bʲas'platna]
ATENÇÃO!	УВАГА!	[u'vaħa]
NÃO HÁ VAGAS	МЕСЦАЎ НЯМА	['mesʲtsaw nʲa'ma]
RESERVADO	ЗАРЭЗЕРВАВАНА	[zarɛzerva'vana]
ADMINISTRAÇÃO	АДМІНІСТРАЦЫЯ	[admini'stratsʲʲa]
SOMENTE PESSOAL AUTORIZADO	ТОЛЬКІ ДЛЯ ПЕРСАНАЛУ	['tɔlʲki dlʲa persa'nalu]
CUIDADO CÃO FEROZ	ЗЛЫ САБАКА	['zlɨ sa'baka]
PROIBIDO FUMAR!	НЕ КУРЫЦЬ!	[ne ku'ritsʲ]
NÃO TOCAR	РУКАМІ НЕ КРАНАЦЬ!	[ru'kami ne kra'natsʲ]
PERIGOSO	НЕБЯСПЕЧНА	[nebʲa'spetʃna]
PERIGO	НЕБЯСПЕКА	[nebʲa'speka]
ALTA TENSÃO	ВЫСОКАЕ НАПРУЖАННЕ	[vi'sɔkae na'pruʒanne]
PROIBIDO NADAR	КУПАЦЦА ЗАБАРОНЕНА	[ku'patsa zaba'rɔnena]
COM DEFEITO	НЕ ПРАЦУЕ	[ne pra'tsue]
INFLAMÁVEL	ВОГНЕНЕБЯСПЕЧНА	[vɔħnenebʲas'petʃna]
PROIBIDO	ЗАБАРОНЕНА	[zaba'rɔnena]
ENTRADA PROIBIDA	ПРАХОД ЗАБАРОНЕНЫ	[pra'hɔd zaba'rɔneni]
CUIDADO TINTA FRESCA	ПАФАРБАВАНА	[pafarba'vana]

56. Transportes urbanos

ônibus (m)	аўтобус (м)	[aw'tɔbus]
bonde (m) elétrico	трамвай (м)	[tram'vaj]
trólebus (m)	тралейбус (м)	[tra'lejbus]
rota (f), itinerário (m)	маршрут (м)	[marʃ'rut]
número (m)	нумар (м)	['numar]
ir de ... (carro, etc.)	ехаць на ...	['ehatsʲ na ...]
entrar no ...	сесці	['sesʲtsi]
descer do ...	сысці з ...	[sɨs'tsi z ...]

parada (f)	прыпынак (м)	[pri'pinak]
próxima parada (f)	наступны прыпынак (м)	[na'stupni pri'pinak]
terminal (m)	канцавы прыпынак (м)	[kantsa'vi pri'pinak]
horário (m)	расклад (м)	[ras'klat]
esperar (vt)	чакаць	[tʃa'katsⁱ]

| passagem (f) | білет (м) | [bi'let] |
| tarifa (f) | кошт (м) білета | [kɔʒd bi'leta] |

bilheteiro (m)	касір (м)	[ka'sir]
controle (m) de passagens	кантроль (м)	[kan'trolⁱ]
revisor (m)	кантралёр (м)	[kantra'lⁱor]

atrasar-se (vr)	спазняцца	[spazⁱ'nⁱatsa]
perder (o autocarro, etc.)	спазніцца	[spazⁱ'nitsa]
estar com pressa	спяшацца	[spⁱa'ʃatsa]

táxi (m)	таксі (н)	[tak'si]
taxista (m)	таксіст (м)	[tak'sist]
de táxi (ir ~)	на таксі	[na tak'si]
ponto (m) de táxis	стаянка (ж) таксі	[sta'ⁱanka tak'si]
chamar um táxi	выклікаць таксі	[viklikatsⁱ tak'si]
pegar um táxi	узяць таксі	[u'zⁱatsⁱ tak'si]

tráfego (m)	вулічны рух (м)	['vulitʃni 'ruh]
engarrafamento (m)	затор (м)	[za'tɔr]
horas (f pl) de pico	час (м) пік	['tʃas 'pik]
estacionar (vi)	паркавацца	[parka'vatsa]
estacionar (vt)	паркаваць	[parka'vatsⁱ]
parque (m) de estacionamento	стаянка (ж)	[sta'ⁱanka]

metrô (m)	метро (н)	[me'trɔ]
estação (f)	станцыя (ж)	['stantsiⁱa]
ir de metrô	ехаць на метро	['ehatsⁱ na me'trɔ]
trem (m)	цягнік (м)	[tsⁱaʰ'nik]
estação (f) de trem	вакзал (м)	[vaʰ'zal]

57. Turismo

monumento (m)	помнік (м)	['pɔmnik]
fortaleza (f)	крэпасць (ж)	['krɛpastsⁱ]
palácio (m)	палац (м)	[pa'lats]
castelo (m)	замак (м)	['zamak]
torre (f)	вежа (ж)	['veʒa]
mausoléu (m)	маўзалей (м)	[mawza'lej]

arquitetura (f)	архітэктура (ж)	[arhitɛk'tura]
medieval (adj)	сярэдневяковы	[sⁱarɛdnevⁱa'kɔvi]
antigo (adj)	старадаўні	[stara'dawni]
nacional (adj)	нацыянальны	[natsiⁱa'nalⁱni]
famoso, conhecido (adj)	вядомы	[vⁱa'dɔmi]

| turista (m) | турыст (м) | [tu'rist] |
| guia (pessoa) | гід, экскурсавод (м) | ['ɦit], [ɛkskursa'vɔt] |

excursão (f)	экскурсія (ж)	[εks'kursiʲa]
mostrar (vt)	паказваць	[pa'kazvatsʲ]
contar (vt)	апавядаць	[apavʲa'datsʲ]
encontrar (vt)	знайсці	[znajs'tsi]
perder-se (vr)	згубіцца	[zɦu'bitsa]
mapa (~ do metrô)	схема (ж)	['shema]
mapa (~ da cidade)	план (м)	['plan]
lembrança (f), presente (m)	сувенір (м)	[suve'nir]
loja (f) de presentes	крама (ж) сувеніраў	['krama suwe'niraw]
tirar fotos, fotografar	фатаграфаваць	[fataɦrafa'vatsʲ]
fotografar-se (vr)	фатаграфавацца	[fataɦrafa'vatsa]

58. Compras

comprar (vt)	купляць	[kup'lʲatsʲ]
compra (f)	пакупка (ж)	[pa'kupka]
fazer compras	рабіць закупы	[ra'bitsʲ 'zakupɨ]
compras (f pl)	шопінг (м)	['ʃopinɦ]
estar aberta (loja)	працаваць	[pratsa'vatsʲ]
estar fechada	зачыніцца	[zatʃi'nitsa]
calçado (m)	абутак (м)	[a'butak]
roupa (f)	адзенне (н)	[a'dzenne]
cosméticos (m pl)	касметыка (ж)	[kas'metika]
alimentos (m pl)	прадукты (м мн)	[pra'duktɨ]
presente (m)	падарунак (м)	[pada'runak]
vendedor (m)	прадавец (м)	[prada'vets]
vendedora (f)	прадаўшчыца (ж)	[pradaw'ʃɕitsa]
caixa (f)	каса (ж)	['kasa]
espelho (m)	люстэрка (н)	[lʉs'tɛrka]
balcão (m)	прылавак (м)	[pri'lavak]
provador (m)	прымерачная (ж)	[pri'meratʃnaʲa]
provar (vt)	прымераць	[pri'meratsʲ]
servir (roupa, caber)	пасаваць	[pasa'vatsʲ]
gostar (apreciar)	падабацца	[pada'batsa]
preço (m)	цана (ж)	[tsa'na]
etiqueta (f) de preço	цэннік (м)	['tsɛnnik]
custar (vt)	каштаваць	[kaʃta'vatsʲ]
Quanto?	Колькі?	['kolʲki]
desconto (m)	скідка (ж)	['skitka]
não caro (adj)	недарагі	[nedara'ɦi]
barato (adj)	танны	['tannɨ]
caro (adj)	дарагі	[dara'ɦi]
É caro	Гэта дорага.	['ɦɛta 'doraɦa]
aluguel (m)	пракат (м)	[pra'kat]
alugar (roupas, etc.)	узяць напракат	[u'zʲatsʲ napra'kat]

| crédito (m) | крэдыт (м) | [krɛ'dit] |
| a crédito | у крэдыт | [u krɛ'dit] |

59. Dinheiro

dinheiro (m)	грошы (мн)	['ɦrɔʃi]
câmbio (m)	абмен (м)	[ab'men]
taxa (f) de câmbio	курс (м)	['kurs]
caixa (m) eletrônico	банкамат (м)	[banka'mat]
moeda (f)	манета (ж)	[ma'neta]

| dólar (m) | долар (м) | ['dɔlar] |
| euro (m) | еўра (м) | ['ewra] |

lira (f)	ліра (ж)	['lira]
marco (m)	марка (ж)	['marka]
franco (m)	франк (м)	['frank]
libra (f) esterlina	фунт (м) стэрлінгаў	['funt 'stɛrlinɦaw]
iene (m)	іена (ж)	[i'ena]

dívida (f)	доўг (м)	['dɔwɦ]
devedor (m)	даўжнік (м)	[dawʒ'nik]
emprestar (vt)	даць у доўг	['datsʲ u 'dɔwɦ]
pedir emprestado	узяць у доўг	[u'zʲatsʲ u 'dɔwɦ]

banco (m)	банк (м)	['bank]
conta (f)	рахунак (м)	[ra'hunak]
depositar (vt)	пакласці	[pa'klasʲtsi]
depositar na conta	пакласці на рахунак	[pa'klasʲtsi na ra'hunak]
sacar (vt)	зняць з рахунку	['znʲatsʲ z ra'hunku]

cartão (m) de crédito	крэдытная картка (ж)	[krɛ'ditnaʲa 'kartka]
dinheiro (m) vivo	гатоўка (ж)	[ɦa'tɔwka]
cheque (m)	чэк (м)	['ʧɛk]
passar um cheque	выпісаць чэк	['vipisatsʲ 'ʧɛk]
talão (m) de cheques	чэкавая кніжка (ж)	['ʧɛkavaʲa 'kniʃka]

carteira (f)	бумажнік (м)	[bu'maʒnik]
niqueleira (f)	кашалёк (м)	[kaʃa'lʲok]
cofre (m)	сейф (м)	['sejf]

herdeiro (m)	спадчыннік (м)	['spatʃinnik]
herança (f)	спадчына (ж)	['spatʃina]
fortuna (riqueza)	маёмасць (ж)	['maʲomastsʲ]

arrendamento (m)	арэнда (ж)	[a'rɛnda]
aluguel (pagar o ~)	кватэрная плата (ж)	[kva'tɛrnaʲa 'plata]
alugar (vt)	наймаць	[naj'matsʲ]

preço (m)	цана (ж)	[tsa'na]
custo (m)	кошт (м)	['kɔʃt]
soma (f)	сума (ж)	['suma]
gastar (vt)	траціць	['tratsitsʲ]
gastos (m pl)	выдаткі (м мн)	[vi'datki]

economizar (vi)	эканоміць	[ɛka'nɔmitsʲ]
econômico (adj)	эканомны	[ɛka'nɔmni]
pagar (vt)	плаціць	[pla'tsitsʲ]
pagamento (m)	аплата (ж)	[a'plata]
troco (m)	рэшта (ж)	['rɛʃta]
imposto (m)	падатак (м)	[pa'datak]
multa (f)	штраф (м)	['ʃtraf]
multar (vt)	штрафаваць	[ʃtrafa'vatsʲ]

60. Correios. Serviço postal

agência (f) dos correios	пошта (ж)	['pɔʃta]
correio (m)	пошта (ж)	['pɔʃta]
carteiro (m)	паштальён (м)	[paʃta'lʲɔn]
horário (m)	гадзіны (ж мн) працы	[ɦa'dzini 'pratsi]
carta (f)	ліст (м)	['list]
carta (f) registada	заказны ліст (м)	[zakaz'ni 'list]
cartão (m) postal	паштоўка (ж)	[paʃ'towka]
telegrama (m)	тэлеграма (ж)	[tɛle'ɦrama]
encomenda (f)	пасылка (ж)	[pa'siɫka]
transferência (f) de dinheiro	грашовы перавод (м)	[ɦra'ʃovi pera'vɔt]
receber (vt)	атрымаць	[atri'matsʲ]
enviar (vt)	адправіць	[at'pravitsʲ]
envio (m)	адпраўка (ж)	[at'prawka]
endereço (m)	адрас (м)	['adras]
código (m) postal	індэкс (м)	['indɛks]
remetente (m)	адпраўшчык (м)	[at'prawʃɕik]
destinatário (m)	атрымальнік (м)	[atri'malʲnik]
nome (m)	імя (н)	[i'mʲa]
sobrenome (m)	прозвішча (н)	['prɔzʲviʃca]
tarifa (f)	тарыф (м)	[ta'rif]
ordinário (adj)	звычайны	[zvi'ʧajni]
econômico (adj)	эканамічны	[ɛkana'miʧni]
peso (m)	вага (ж)	[va'ɦa]
pesar (estabelecer o peso)	узважваць	[uz'vaʒvatsʲ]
envelope (m)	канверт (м)	[kan'vert]
selo (m) postal	марка (ж)	['marka]

Moradia. Casa. Lar

61. Casa. Eletricidade

eletricidade (f)	электрычнасць (ж)	[ɛlekt'riʧnasʦʲ]
lâmpada (f)	лямпачка (ж)	['lʲampaʧka]
interruptor (m)	выключальнік (м)	[vɨklu'ʧalʲnik]
fusível, disjuntor (m)	пробка (ж)	['prɔpka]
fio, cabo (m)	провад (м)	['prɔvat]
instalação (f) elétrica	праводка (ж)	[pra'vɔtka]
medidor (m) de eletricidade	лічыльнік (м)	[li'ʧilʲnik]
indicação (f), registro (m)	паказанне (н)	[paka'zanne]

62. Moradia. Mansão

casa (f) de campo	загарадны дом (м)	['zaɦaradnɨ 'dɔm]
vila (f)	віла (ж)	['vila]
ala (~ do edifício)	крыло (н)	[krɨ'lɔ]
jardim (m)	сад (м)	['sat]
parque (m)	парк (м)	['park]
estufa (f)	аранжарэя (ж)	[aranʒa'rɛʲa]
cuidar de …	даглядаць	[daɦlʲa'daʦʲ]
piscina (f)	басейн (м)	[ba'sejn]
academia (f) de ginástica	спартыўная зала (ж)	[spar'tiwnaʲa 'zala]
quadra (f) de tênis	тэнісны корт (м)	['tɛnisnɨ 'kɔrt]
cinema (m)	кінатэатр (м)	[kinatɛ'atr]
garagem (f)	гараж (м)	[ɦa'raʃ]
propriedade (f) privada	прыватная ўласнасць (ж)	[pri'vatnaʲa u'lasnasʦʲ]
terreno (m) privado	прыватныя уладанні (н мн)	[pri'vatnʲʲa ula'danni]
advertência (f)	папярэджанне (н)	[papʲa'rɛʤanne]
sinal (m) de aviso	папераджальны надпіс (м)	[papera'ʤalʲnɨ 'natpis]
guarda (f)	ахова (ж)	[a'ɦɔva]
guarda (m)	ахоўнік (м)	[a'ɦɔwnik]
alarme (m)	сігналізацыя (ж)	[siɦnali'zaʦiʲa]

63. Apartamento

apartamento (m)	кватэра (ж)	[kva'tɛra]
quarto, cômodo (m)	пакой (м)	[pa'kɔj]
quarto (m) de dormir	спальня (ж)	['spalʲnʲa]

sala (f) de jantar	сталоўка (ж)	[sta'lɔwka]
sala (f) de estar	гасцёўня (ж)	[ɦas'tsʲownʲa]
escritório (m)	кабінет (м)	[kabi'net]

sala (f) de entrada	вітальня (ж)	[vi'talʲnʲa]
banheiro (m)	ванны пакой (м)	['vannɨ pa'kɔj]
lavabo (m)	прыбіральня (ж)	[pribi'ralʲnʲa]

teto (m)	столь (ж)	['stɔlʲ]
chão, piso (m)	падлога (ж)	[pad'lɔɦa]
canto (m)	кут (м)	['kut]

64. Mobiliário. Interior

mobiliário (m)	мэбля (ж)	['mɛblʲa]
mesa (f)	стол (м)	['stɔl]
cadeira (f)	крэсла (н)	['krɛsla]
cama (f)	ложак (м)	['lɔʒak]

| sofá, divã (m) | канапа (ж) | [ka'napa] |
| poltrona (f) | фатэль (м) | [fa'tɛlʲ] |

| estante (f) | шафа (ж) | ['ʃafa] |
| prateleira (f) | паліца (ж) | [pa'litsa] |

guarda-roupas (m)	шафа (ж)	['ʃafa]
cabide (m) de parede	вешалка (ж)	['veʃalka]
cabideiro (m) de pé	вешалка (ж)	['veʃalka]

| cômoda (f) | камода (ж) | [ka'mɔda] |
| mesinha (f) de centro | часопісны столік (м) | [tʃa'sɔpisnɨ 'stɔlik] |

espelho (m)	люстэрка (н)	[lʉs'tɛrka]
tapete (m)	дыван (м)	[di'van]
tapete (m) pequeno	дыванок (м)	[diva'nɔk]

lareira (f)	камін (м)	[ka'min]
vela (f)	свечка (ж)	['svetʃka]
castiçal (m)	падсвечнік (м)	[pat'svetʃnik]

cortinas (f pl)	шторы (мн)	['ʃtɔrɨ]
papel (m) de parede	шпалеры (ж мн)	[ʃpa'lerɨ]
persianas (f pl)	жалюзі (мн)	[ʒalʉ'zi]

| luminária (f) de mesa | настольная лямпа (ж) | [na'stɔlʲnaʲa 'lʲampa] |
| luminária (f) de parede | свяцільня (ж) | [svʲa'tsilʲnʲa] |

| abajur (m) de pé | таршэр (м) | [tar'ʃɛr] |
| lustre (m) | люстра (ж) | ['lʉstra] |

pé (de mesa, etc.)	ножка (ж)	['nɔʃka]
braço, descanso (m)	падлакотнік (м)	[padla'kɔtnik]
costas (f pl)	спінка (ж)	['spinka]
gaveta (f)	шуфляда (ж)	[ʃuf'lʲada]

65. Quarto de dormir

roupa (f) de cama	бялізна (ж)	[bʲaˈlizna]
travesseiro (m)	падушка (ж)	[paˈduʃka]
fronha (f)	навалочка (ж)	[navaˈlotʃka]
cobertor (m)	коўдра (ж)	[ˈkɔwdra]
lençol (m)	прасціна (ж)	[prasʲtsiˈna]
colcha (f)	пакрывала (н)	[pakrɨˈvala]

66. Cozinha

cozinha (f)	кухня (ж)	[ˈkuhnʲa]
gás (m)	газ (м)	[ˈɦas]
fogão (m) a gás	пліта (ж) газавая	[pliˈta ˈɦazavaʲa]
fogão (m) elétrico	пліта (ж) электрычная	[pliˈta ɛlektˈritʃnaʲa]
forno (m)	духоўка (ж)	[duˈhɔwka]
forno (m) de micro-ondas	мікрахвалевая печ (ж)	[mikraˈhvalevaʲa ˈpetʃ]
geladeira (f)	халадзільнік (м)	[halaˈdzilʲnik]
congelador (m)	маразілка (ж)	[maraˈzilka]
máquina (f) de lavar louça	пасудамыечная машына (ж)	[pasudaˈmʲetʃnaʲa maˈʃina]
moedor (m) de carne	мясарубка (ж)	[mʲasaˈrupka]
espremedor (m)	сокавыціскалка (ж)	[sɔkavʲitsiˈskalka]
torradeira (f)	тостэр (м)	[ˈtɔstɛr]
batedeira (f)	міксер (м)	[ˈmikser]
máquina (f) de café	кававарка (ж)	[kavaˈvarka]
cafeteira (f)	кафейнік (м)	[kaˈfejnik]
moedor (m) de café	кавамолка (ж)	[kavaˈmɔlka]
chaleira (f)	чайнік (м)	[ˈtʃajnik]
bule (m)	імбрычак (м)	[imˈbritʃak]
tampa (f)	накрыўка (ж)	[ˈnakrɨwka]
coador (m) de chá	сітца (н)	[ˈsitsa]
colher (f)	лыжка (ж)	[ˈliʃka]
colher (f) de chá	чайная лыжка (ж)	[ˈtʃajnaʲa ˈliʃka]
colher (f) de sopa	сталовая лыжка (ж)	[staˈlɔvaʲa ˈliʃka]
garfo (m)	відэлец (м)	[viˈdɛlets]
faca (f)	нож (м)	[ˈnɔʃ]
louça (f)	посуд (м)	[ˈpɔsut]
prato (m)	талерка (ж)	[taˈlerka]
pires (m)	сподак (м)	[ˈspɔdak]
cálice (m)	чарка (ж)	[ˈtʃarka]
copo (m)	шклянка (ж)	[ˈʃklʲanka]
xícara (f)	кубак (м)	[ˈkubak]
açucareiro (m)	цукарніца (ж)	[ˈtsukarnitsa]
saleiro (m)	салянка (ж)	[saˈlʲanka]

| pimenteiro (m) | перачніца (ж) | ['peratʃnitsa] |
| manteigueira (f) | масленіца (ж) | ['maslenitsa] |

panela (f)	рондаль (м)	['rɔndalʲ]
frigideira (f)	патэльня (ж)	[pa'tɛlʲnʲa]
concha (f)	апалонік (м)	[apa'lɔnik]
coador (m)	друшляк (м)	[druʃʲlʲak]
bandeja (f)	паднос (м)	[pad'nɔs]

garrafa (f)	бутэлька (ж)	[bu'tɛlʲka]
pote (m) de vidro	слоік (м)	['slɔik]
lata (~ de cerveja)	бляшанка (ж)	[blʲa'ʃanka]

abridor (m) de garrafa	адкрывалка (ж)	[atkri'valka]
abridor (m) de latas	адкрывалка (ж)	[atkri'valka]
saca-rolhas (m)	штопар (м)	['ʃtɔpar]
filtro (m)	фільтр (м)	['filʲtr]
filtrar (vt)	фільтраваць	[filʲtra'vatsʲ]

| lixo (m) | смецце (н) | ['smetse] |
| lixeira (f) | вядро (н) для смецця | [vʲa'drɔ dlʲa 'smetsʲa] |

67. Casa de banho

banheiro (m)	ванны пакой (м)	['vanni pa'kɔj]
água (f)	вада (ж)	[va'da]
torneira (f)	кран (м)	['kran]
água (f) quente	гарачая вада (ж)	[ɦa'ratʃaʲa va'da]
água (f) fria	халодная вада (ж)	[ɦa'lɔdnaʲa va'da]

pasta (f) de dente	зубная паста (ж)	[zub'naʲa 'pasta]
escovar os dentes	чысціць зубы	[tʃisʲtsitsʲ zu'bi]
escova (f) de dente	зубная шчотка (ж)	[zub'naʲa 'ʃɕɔtka]

barbear-se (vr)	галіцца	[ɦa'litsa]
espuma (f) de barbear	пена (ж) для галення	['pena dlʲa ɦa'lennʲa]
gilete (f)	брытва (ж)	['britva]

lavar (vt)	мыць	['mitsʲ]
tomar banho	мыцца	['mitsa]
chuveiro (m), ducha (f)	душ (м)	['duʃ]
tomar uma ducha	прымаць душ	[pri'matsʲ 'duʃ]

banheira (f)	ванна (ж)	['vanna]
vaso (m) sanitário	унітаз (м)	[uni'tas]
pia (f)	ракавіна (ж)	['rakavina]

| sabonete (m) | мыла (н) | ['mila] |
| saboneteira (f) | мыльніца (ж) | ['milʲnitsa] |

esponja (f)	губка (ж)	['ɦupka]
xampu (m)	шампунь (м)	[ʃam'punʲ]
toalha (f)	ручнік (м)	[rutʃ'nik]
roupão (m) de banho	халат (м)	[ɦa'lat]

lavagem (f)	мыццё (н)	[mi'tsʲo]
lavadora (f) de roupas	пральная машына (ж)	['pralʲnaʲa ma'ʃina]
lavar a roupa	мыць бялізну	['mitsʲ bʲa'liznu]
detergente (m)	пральны парашок (м)	['pralʲni̇ para'ʃok]

68. Eletrodomésticos

televisor (m)	тэлевізар (м)	[tɛle'vizar]
gravador (m)	магнітафон (м)	[mafnita'fon]
videogravador (m)	відэамагнітафон (м)	['vidɛa mafnita'fon]
rádio (m)	прыёмнік (м)	[priˈʲomnik]
leitor (m)	плэер (м)	['plɛer]

projetor (m)	відэапраектар (м)	['vidɛa pra'ektar]
cinema (m) em casa	хатні кінатэатр (м)	['hatni kinatɛ'atr]
DVD Player (m)	прайгравальнік (м) DVD	[prajfira'valʲnifi dʑivi'dʑi]
amplificador (m)	узмацняльнік (м)	[uzmats'nʲalʲnik]
console (f) de jogos	гульнявая прыстаўка (ж)	[fiulʲnʲaʲva'vaʲa pri'stawka]

câmera (f) de vídeo	відэакамера (ж)	['vidɛa 'kamera]
máquina (f) fotográfica	фотаапарат (м)	[fotaapa'rat]
câmera (f) digital	лічбавы фотаапарат (м)	['lidʒbavi̇ fotaapa'rat]

aspirador (m)	пыласос (м)	[pi̇la'sɔs]
ferro (m) de passar	прас (м)	['pras]
tábua (f) de passar	прасавальная дошка (ж)	[prasa'valʲnaʲa 'dɔʃka]

telefone (m)	тэлефон (м)	[tɛle'fon]
celular (m)	мабільны тэлефон (м)	[ma'bilʲni̇ tɛle'fon]
máquina (f) de escrever	машынка (ж)	[ma'ʃinka]
máquina (f) de costura	машынка (ж)	[ma'ʃinka]

microfone (m)	мікрафон (м)	[mikra'fon]
fone (m) de ouvido	навушнікі (м мн)	[na'vuʃniki]
controle remoto (m)	пульт (м)	['pulʲt]

CD (m)	кампакт-дыск (м)	[kam'pakt 'disk]
fita (f) cassete	касета (ж)	[ka'seta]
disco (m) de vinil	пласцінка (ж)	[plas'tsinka]

ATIVIDADES HUMANAS

Emprego. Negócios. Parte 1

69. Escritório. O trabalho no escritório

escritório (~ de advogados)	офіс (м)	['ɔfis]
escritório (do diretor, etc.)	кабінет (м)	[kabi'net]
recepção (f)	рэцэпцыя (ж)	[rɛ'tsɛptsiʲa]
secretário (m)	сакратар (м)	[sakra'tar]
secretária (f)	сакратар (ж)	[sakra'tar]
diretor (m)	дырэктар (м)	[di'rɛktar]
gerente (m)	менеджэр (м)	['menedʒɛr]
contador (m)	бухгалтар (м)	[buh'ɦaltar]
empregado (m)	супрацоўнік (м)	[supra'tsɔwnik]
mobiliário (m)	мэбля (ж)	['mɛblʲa]
mesa (f)	стол (м)	['stɔl]
cadeira (f)	крэсла (н)	['krɛsla]
gaveteiro (m)	тумбачка (ж)	['tumbatʃka]
cabideiro (m) de pé	вешалка (ж)	['veʃalka]
computador (m)	камп'ютэр (м)	[kamp"ʉtɛr]
impressora (f)	прынтэр (м)	['printɛr]
fax (m)	факс (м)	['faks]
fotocopiadora (f)	капіравальны апарат (м)	[kapira'valʲni apa'rat]
papel (m)	папера (ж)	[pa'pera]
artigos (m pl) de escritório	канцылярскія прылады (ж мн)	[kantsi'lʲarskiʲa pri'ladi]
tapete (m) para mouse	дыванок (м)	[diva'nɔk]
folha (f)	аркуш (м)	['arkuʃ]
pasta (f)	папка (ж)	['papka]
catálogo (m)	каталог (м)	[kata'lɔɦ]
lista (f) telefônica	даведнік (м)	[da'vednik]
documentação (f)	дакументацыя (ж)	[dakumen'tatsiʲa]
brochura (f)	брашура (ж)	[bra'ʃura]
panfleto (m)	лістоўка (ж)	[lis'tɔwka]
amostra (f)	узор (м)	[u'zɔr]
formação (f)	трэнінг (м)	['trɛninɦ]
reunião (f)	нарада (ж)	[na'rada]
hora (f) de almoço	перапынак (м) на абед	[pera'pinak na a'bet]
fazer uma cópia	рабіць копію	[ra'bitsʲ 'kɔpiʉ]
tirar cópias	размножыць	[razm'nɔʒitsʲ]
receber um fax	атрымліваць факс	[at'rimlivatsʲ 'faks]

enviar um fax	адпраўляць факс	[atpraw'lʲatsʲ 'faks]
fazer uma chamada	патэлефанаваць	[patɛlefana'vatsʲ]
responder (vt)	адказаць	[atka'zatsʲ]
passar (vt)	злучыць	[zlu'tʃʲitsʲ]

marcar (vt)	прызначаць	[prizna'tʃatsʲ]
demonstrar (vt)	дэманстраваць	[dɛmanstra'vatsʲ]
estar ausente	адсутнічаць	[a'tsutnitʃatsʲ]
ausência (f)	пропуск (м)	['prɔpusk]

70. Processos negociais. Parte 1

negócio (m)	справа, бізнес (м)	['sprava], ['biznes]
ocupação (f)	справа (ж)	['sprava]
firma, empresa (f)	фірма (ж)	['firma]
companhia (f)	кампанія (ж)	[kam'paniʲa]
corporação (f)	карпарацыя (ж)	[karpa'ratsiʲa]
empresa (f)	прадпрыемства (н)	[pratpri'emstva]
agência (f)	агенцтва (н)	[a'ɦentstva]

acordo (documento)	дамова (ж)	[da'mɔva]
contrato (m)	кантракт (м)	[kan'trakt]
acordo (transação)	здзелка (ж)	['zʲdzelka]
pedido (m)	заказ (м)	[za'kas]
termos (m pl)	умова (ж)	[u'mɔva]

por atacado	оптам	['ɔptam]
por atacado (adj)	аптовы	[ap'tɔvɨ]
venda (f) por atacado	продаж (м) оптам	[prɔdaʃ 'ɔptam]
a varejo	рознічны	['rɔzʲnitʃnɨ]
venda (f) a varejo	продаж (м) у розніцу	['prɔdaʃ u 'rɔzʲnitsu]

concorrente (m)	канкурэнт (м)	[kanku'rɛnt]
concorrência (f)	канкурэнцыя (ж)	[kanku'rɛntsiʲa]
competir (vi)	канкурыраваць	[kanku'riravatsʲ]

| sócio (m) | партнёр (м) | [part'nʲor] |
| parceria (f) | партнёрства (н) | [part'nʲorstva] |

crise (f)	крызіс (м)	['krizis]
falência (f)	банкруцтва (н)	[bank'rutstva]
entrar em falência	збанкрутаваць	[zbankruta'vatsʲ]
dificuldade (f)	цяжкасць (ж)	['tsʲaʃkastsʲ]
problema (m)	праблема (ж)	[prab'lema]
catástrofe (f)	катастрофа (ж)	[kata'strɔfa]

economia (f)	эканоміка (ж)	[ɛka'nɔmika]
econômico (adj)	эканамічны	[ɛkana'mitʃnɨ]
recessão (f) econômica	эканамічны спад (м)	[ɛkana'mitʃnɨ 'spat]

objetivo (m)	мэта (ж)	['mɛta]
tarefa (f)	задача (ж)	[za'datʃa]
comerciar (vi, vt)	гандляваць	[ɦandlʲa'vatsʲ]
rede (de distribuição)	сетка (ж)	['setka]

| estoque (m) | склад (м) | ['sklat] |
| sortimento (m) | асартымент (м) | [asarti'ment] |

líder (m)	лідэр (м)	['lidɛr]
grande (~ empresa)	буйны	[buj'ni]
monopólio (m)	манаполія (ж)	[mana'pɔliˡa]

teoria (f)	тэорыя (ж)	[tɛ'ɔriˡa]
prática (f)	практыка (ж)	['praktɨka]
experiência (f)	вопыт (м)	['vɔpɨt]
tendência (f)	тэндэнцыя (ж)	[tɛn'dɛntsiˡa]
desenvolvimento (m)	развіццё (н)	[razˡvi'tsˡo]

71. Processos negociais. Parte 2

| rentabilidade (f) | выгада (ж) | ['viɦada] |
| rentável (adj) | выгадны | ['viɦadni] |

delegação (f)	дэлегацыя (ж)	[dɛle'ɦatsiˡa]
salário, ordenado (m)	заработная плата (ж)	[zara'bɔtnaˡa 'plata]
corrigir (~ um erro)	выпраўляць	[vipraw'lˡatsˡ]
viagem (f) de negócios	камандзіроўка (ж)	[kamandzi'rɔwka]
comissão (f)	камісія (ж)	[ka'misiˡa]

controlar (vt)	кантраляваць	[kantralˡa'vatsˡ]
conferência (f)	канферэнцыя (ж)	[kanfe'rɛntsiˡa]
licença (f)	ліцэнзія (ж)	[li'tsɛnziˡa]
confiável (adj)	надзейны	[na'dzejni]

empreendimento (m)	пачынанне (н)	[patʃi'nanne]
norma (f)	норма (ж)	['nɔrma]
circunstância (f)	акалічнасць (ж)	[aka'litʃnastsˡ]
dever (do empregado)	абавязак (м)	[aba'vˡazak]

empresa (f)	арганізацыя (ж)	[arɦani'zatsiˡa]
organização (f)	арганізацыя (ж)	[arɦani'zatsiˡa]
organizado (adj)	арганізаваны	[arɦaniza'vani]
anulação (f)	скасаванне (н)	[skasa'vanne]
anular, cancelar (vt)	скасаваць	[skasa'vatsˡ]
relatório (m)	справаздача (ж)	[sprava'zdatʃa]

patente (f)	патэнт (м)	[pa'tɛnt]
patentear (vt)	патэнтаваць	[patɛnta'vatsˡ]
planejar (vt)	планаваць	[plana'vatsˡ]

bônus (m)	прэмія (ж)	['prɛmiˡa]
profissional (adj)	прафесійны	[prafe'sijni]
procedimento (m)	працэдура (ж)	[pratsɛ'dura]

examinar (~ a questão)	разгледзець	[raz'ɦledzetsˡ]
cálculo (m)	разлік (м)	[raz'lik]
reputação (f)	рэпутацыя (ж)	[rɛpu'tatsiˡa]
risco (m)	рызыка (ж)	['rizika]
dirigir (~ uma empresa)	кіраваць	[kira'vatsˡ]

informação (f)	звесткі (ж мн)	['zʲvestki]
propriedade (f)	уласнасць (ж)	[u'lasnasʦʲ]
união (f)	саюз (м)	[sa'ʉs]

seguro (m) de vida	страхаванне (н) жыцця	[straha'vanne ʒi'ʦʲa]
fazer um seguro	страхаваць	[straha'vaʦʲ]
seguro (m)	страхоўка (ж)	[stra'howka]

leilão (m)	таргі (м мн)	[tar'hi]
notificar (vt)	паведаміць	[pa'vedamiʦʲ]
gestão (f)	кіраванне (н)	[kira'vanne]
serviço (indústria de ~s)	паслуга (ж)	[pas'luɦa]

fórum (m)	форум (м)	['fɔrum]
funcionar (vi)	функцыянаваць	[funkʦiʲana'vaʦʲ]
estágio (m)	этап (м)	[ɛ'tap]
jurídico, legal (adj)	юрыдычны	[ʉri'diʧni]
advogado (m)	юрыст (м)	[ʉ'rist]

72. Produção. Trabalhos

usina (f)	завод (м)	[za'vɔt]
fábrica (f)	фабрыка (ж)	['fabrika]
oficina (f)	цэх (м)	['ʦɛh]
local (m) de produção	вытворчасць (ж)	[vit'vɔrʧasʦʲ]

indústria (f)	прамысловасць (ж)	[pramɨ'slɔvasʦʲ]
industrial (adj)	прамысловы	[pramɨ'slɔvi]
indústria (f) pesada	цяжкая прамысловасць (ж)	[ʦʲaʃkaʲa pramɨ'slɔvasʦʲ]
indústria (f) ligeira	лёгкая прамысловасць (ж)	['lʲoɦkaʲa pramɨ'slɔvasʦʲ]

produção (f)	прадукцыя (ж)	[pra'dukʦiʲa]
produzir (vt)	выпрабляць	[vɨrab'lʲaʦʲ]
matérias-primas (f pl)	сыравіна (ж)	[sɨra'vina]

chefe (m) de obras	брыгадзір (м)	[brɨɦa'dzir]
equipe (f)	брыгада (ж)	[brɨ'ɦada]
operário (m)	рабочы (м)	[ra'bɔʧi]

dia (m) de trabalho	працоўны дзень (м)	[pra'ʦɔwnɨ 'dzenʲ]
intervalo (m)	перапынак (м)	[pera'pɨnak]
reunião (f)	сход (м)	['sɔt]
discutir (vt)	абмяркоўваць	[abmʲar'kɔwvaʦʲ]

plano (m)	план (м)	['plan]
cumprir o plano	выконваць план	[vɨ'kɔnvaʦʲ 'plan]
taxa (f) de produção	норма (ж)	['nɔrma]
qualidade (f)	якасць (ж)	['ʲakasʦʲ]
controle (m)	кантроль (м)	[kan'trɔlʲ]
controle (m) da qualidade	кантроль (м) якасці	[kan'trɔlʲ 'ʲakasʲʦi]

segurança (f) no trabalho	бяспека (ж) працы	[bʲas'peka 'praʦɨ]
disciplina (f)	дысцыпліна (ж)	[disʦɨp'lina]
infração (f)	парушэнне (н)	[paru'ʃɛnne]

violar (as regras)	парушаць	[paru'ʃatsʲ]
greve (f)	забастоўка (ж)	[zaba'stowka]
grevista (m)	забастоўшчык (м)	[zaba'stowʃɕik]
estar em greve	баставаць	[basta'vatsʲ]
sindicato (m)	прафсаюз (м)	[prafsa'us]

inventar (vt)	вынаходзіць	[vina'hɔdzitsʲ]
invenção (f)	вынаходка (ж)	[vina'hɔtka]
pesquisa (f)	даследаванне (н)	[da'sledavanne]
melhorar (vt)	паляпшаць	[palʲap'ʃatsʲ]
tecnologia (f)	тэхналогія (ж)	[tɛhna'lɔɦiʲa]
desenho (m) técnico	чарцёж (м)	[ʧar'tsʲoʃ]

carga (f)	груз (м)	['ɦrus]
carregador (m)	грузчык (м)	['ɦruʃɕik]
carregar (o caminhão, etc.)	грузіць	[ɦru'zitsʲ]
carregamento (m)	пагрузка (ж)	[pa'ɦruska]
descarregar (vt)	разгружаць	[razɦru'ʒatsʲ]
descarga (f)	разгрузка (ж)	[raz'ɦruska]

transporte (m)	транспарт (м)	['transpart]
companhia (f) de transporte	транспартная кампанія (ж)	[transpartnaʲa kam'paniʲa]
transportar (vt)	транспартаваць	[transparta'vatsʲ]

vagão (m) de carga	вагон (м)	[va'ɦɔn]
tanque (m)	цыстэрна (ж)	[tsis'tɛrna]
caminhão (m)	грузавік (м)	[ɦruza'vik]

máquina (f) operatriz	станок (м)	[sta'nɔk]
mecanismo (m)	механізм (м)	[meha'nizm]

resíduos (m pl) industriais	адыходы (м мн)	[adi'hɔdi]
embalagem (f)	пакаванне (н)	[paka'vanne]
embalar (vt)	упакаваць	[upaka'vatsʲ]

73. Contrato. Acordo

contrato (m)	кантракт (м)	[kan'trakt]
acordo (m)	пагадненне (н)	[paɦad'nenne]
adendo, anexo (m)	дадатак (м)	[da'datak]

assinar o contrato	заключыць кантракт	[zaklu'ʧitsʲ kan'trakt]
assinatura (f)	подпіс (м)	['pɔtpis]
assinar (vt)	падпісаць	[patpi'satsʲ]
carimbo (m)	пячатка (ж)	[pʲa'ʧatka]

objeto (m) do contrato	прадмет (м) дамовы	[prad'met da'mɔvi]
cláusula (f)	пункт (м)	['punkt]
partes (f pl)	бакі (м мн)	[ba'ki]
domicílio (m) legal	юрыдычны адрас (м)	[uri'diʧni 'adras]

violar o contrato	парушыць кантракт	[pa'ruʃitsʲ kan'trakt]
obrigação (f)	абавязацельства (н)	[abavʲaza'tselʲstva]
responsabilidade (f)	адказнасць (ж)	[at'kaznastsʲ]

força (f) maior	форс-мажор (м)	[fɔrs ma'ʒɔr]
litígio (m), disputa (f)	спрэчка (ж)	['sprɛtʃka]
multas (f pl)	штрафныя санкцыі (ж мн)	[ʃtraf'nʲʲa 'sanktsii]

74. Importação & Exportação

importação (f)	імпарт (м)	['impart]
importador (m)	імпарцёр (м)	[impar'tsʲor]
importar (vt)	імпартаваць	[imparta'vatsʲ]
de importação	імпартны	['impartnɨ]

exportação (f)	экспарт (ж)	['ɛkspart]
exportador (m)	экспарцёр (м)	[ɛkspar'tsʲor]
exportar (vt)	экспартаваць	[ɛksparta'vatsʲ]
de exportação	экспартны	['ɛkspartnɨ]

| mercadoria (f) | тавар (м) | [ta'var] |
| lote (de mercadorias) | партыя (ж) | ['partʲʲa] |

peso (m)	вага (ж)	[va'ɦa]
volume (m)	аб'ём (м)	[a'bʲʲom]
metro (m) cúbico	кубічны метр (м)	[ku'bitʃnɨ 'metr]

produtor (m)	вытворца (м)	[vit'vortsa]
companhia (f) de transporte	транспартная кампанія (ж)	[transpartnaʲa kam'paniʲa]
contêiner (m)	кантэйнер (м)	[kan'tɛjner]

fronteira (f)	мяжа (ж)	[mʲa'ʒa]
alfândega (f)	мытня (ж)	['mitnʲa]
taxa (f) alfandegária	мытная пошліна (ж)	[mitnaʲa 'poʃlina]
funcionário (m) da alfândega	мытнік (м)	['mitnik]
contrabando (atividade)	кантрабанда (ж)	[kantra'banda]
contrabando (produtos)	кантрабанда (ж)	[kantra'banda]

75. Finanças

ação (f)	акцыя (ж)	['aktsʲʲa]
obrigação (f)	аблігацыя (ж)	[abli'ɦatsʲʲa]
nota (f) promissória	вэксаль (м)	['vɛksalʲ]

| bolsa (f) de valores | біржа (ж) | ['birʒa] |
| cotação (m) das ações | курс (м) акцый | ['kurs 'aktsij] |

| tornar-se mais barato | патаннець | [pata'nnetsʲ] |
| tornar-se mais caro | падаражэць | [padara'ʒɛtsʲ] |

parte (f)	доля (ж), пай (м)	['dolʲa], ['paj]
participação (f) majoritária	кантрольны пакет (м)	[kan'trolʲnɨ pa'ket]
investimento (m)	інвестыцыі (ж мн)	[inves'titsii]
investir (vt)	інвесціраваць	[inves'tsiravatsʲ]
porcentagem (f)	працэнт (м)	[pra'tsɛnt]
juros (m pl)	працэнты (м мн)	[pra'tsɛnti]

lucro (m)	прыбытак (м)	[pri'bitak]
lucrativo (adj)	прыбытковы	[pribit'kɔvi]
imposto (m)	падатак (м)	[pa'datak]

divisa (f)	валюта (ж)	[va'lʉta]
nacional (adj)	нацыянальны	[natsʲa'nalʲni]
câmbio (m)	абмен (м)	[ab'men]

| contador (m) | бухгалтар (м) | [buh'ħaltar] |
| contabilidade (f) | бухгалтэрыя (ж) | [buhħal'tɛrʲa] |

falência (f)	банкруцтва (н)	[bank'rutstva]
falência, quebra (f)	крах (м)	['krah]
ruína (f)	згаленне (н)	[zħa'lenne]
estar quebrado	згалець	[zħa'letsʲ]
inflação (f)	інфляцыя (ж)	[in'flʲatsʲa]
desvalorização (f)	дэвальвацыя (ж)	[dɛvalʲ'vatsʲa]

capital (m)	капітал (м)	[kapi'tal]
rendimento (m)	даход (м)	[da'hɔt]
volume (m) de negócios	абарот (м)	[aba'rɔt]
recursos (m pl)	рэсурсы (м мн)	[rɛ'sursi]
recursos (m pl) financeiros	грашовыя сродкі (м мн)	[ħra'ʃɔvʲa 'srɔtki]
despesas (f pl) gerais	накладныя выдаткі (мн)	[naklad'nʲa vi'datki]
reduzir (vt)	скараціць	[skara'tsitsʲ]

76. Marketing

marketing (m)	маркетынг (м)	['marketinħ]
mercado (m)	рынак (м)	['rinak]
segmento (m) do mercado	сегмент (м) рынку	[seħ'ment 'rinku]

| produto (m) | прадукт (м) | [pra'dukt] |
| mercadoria (f) | тавар (м) | [ta'var] |

marca (f) registrada	гандлёвая марка (ж)	[ħand'lʲɔvaʲa 'marka]
logotipo (m)	фірмовы знак (м)	[fir'mɔvi z'nak]
logo (m)	лагатып (м)	[laħa'tip]

| demanda (f) | попыт (м) | ['pɔpit] |
| oferta (f) | прапананне (н) | [prapana'vanne] |

| necessidade (f) | патрэба (ж) | [pa'trɛba] |
| consumidor (m) | спажывец (м) | [spaʒi'vets] |

| análise (f) | аналіз (м) | [a'nalis] |
| analisar (vt) | аналізаваць | [analiza'vatsʲ] |

| posicionamento (m) | пазіцыянаванне (н) | [pazitsʲana'vanne] |
| posicionar (vt) | пазіцыянаваць | [pazitsʲana'vatsʲ] |

preço (m)	цана (ж)	[tsa'na]
política (f) de preços	цэнавая палітыка (ж)	['tsɛnavaʲa pa'litika]
formação (f) de preços	цэнаўтварэнне (н)	[tsɛnawtva'rɛnne]

77. Publicidade

publicidade (f)	рэклама (ж)	[rɛk'lama]
fazer publicidade	рэкламаваць	[rɛklama'vatsʲ]
orçamento (m)	бюджэт (м)	[bʉ'dʒɛt]
anúncio (m)	рэклама (ж)	[rɛk'lama]
publicidade (f) na TV	тэлерэклама (ж)	[tɛlerɛk'lama]
publicidade (f) na rádio	рэклама (ж) на радыё	[rɛk'lama na 'radʲʲo]
publicidade (f) exterior	вонкавая рэклама (ж)	['vɔnkavaʲa rɛk'lama]
comunicação (f) de massa	сродкі (м мн) масавай інфармацыі	['srɔtki 'masavaj infar'matsɨi]
periódico (m)	перыядычнае выданне (н)	[perʲʲa'ditʃnae vʲi'danne]
imagem (f)	імідж (м)	['imitʃ]
slogan (m)	лозунг (м)	['lɔzunɦ]
mote (m), lema (f)	дэвіз (м)	[dɛ'vis]
campanha (f)	кампанія (ж)	[kam'paniʲa]
campanha (f) publicitária	рэкламная кампанія (ж)	[rɛk'lamnaʲa kam'paniʲa]
grupo (m) alvo	мэтавая аўдыторыя (ж)	['mɛtavaʲa awdi'torʲʲa]
cartão (m) de visita	візітная картка (ж)	[vi'zitnaʲa 'kartka]
panfleto (m)	лістоўка (ж)	[lis'towka]
brochura (f)	брашура (ж)	[bra'ʃura]
folheto (m)	буклет (м)	[buk'let]
boletim (~ informativo)	бюлетэнь (м)	[bʉle'tɛnʲ]
letreiro (m)	шыльда (ж)	['ʃilʲda]
cartaz, pôster (m)	плакат (м)	[pla'kat]
painel (m) publicitário	рэкламны шчыт (м)	[rɛk'lamnɨ 'ʃɕit]

78. Banca

banco (m)	банк (м)	['bank]
balcão (f)	аддзяленне (н)	[adzʲa'lenne]
consultor (m) bancário	кансультант (м)	[kansulʲ'tant]
gerente (m)	загадчык (м)	[za'ɦatʃik]
conta (f)	рахунак (м)	[ra'hunak]
número (m) da conta	нумар (м) рахунку	['numar ra'hunku]
conta (f) corrente	бягучы рахунак (м)	[bʲa'ɦutʃi ra'hunak]
conta (f) poupança	назапашвальны рахунак (м)	[naza'paʃvalʲnɨ ra'hunak]
abrir uma conta	адкрыць рахунак	[atk'ritsʲ ra'hunak]
fechar uma conta	закрыць рахунак	[za'kritsʲ ra'hunak]
depositar na conta	пакласці на рахунак	[pa'klasʲtsi na ra'hunak]
sacar (vt)	зняць з рахунку	['znʲatsʲ z ra'hunku]
depósito (m)	уклад (м)	[u'klat]
fazer um depósito	зрабіць уклад	[zra'bitsʲ u'klat]

transferência (f) bancária	перавод (м)	[pera'vɔt]
transferir (vt)	зрабіць перавод	[zra'bitsʲ pera'vɔt]
soma (f)	сума (ж)	['suma]
Quanto?	Колькі?	['kɔlʲki]
assinatura (f)	подпіс (м)	['pɔtpis]
assinar (vt)	падпісаць	[patpi'satsʲ]
cartão (m) de crédito	крэдытная картка (ж)	[krɛ'ditnaʲa 'kartka]
senha (f)	код (м)	['kɔt]
número (m) do cartão de crédito	нумар (м) крэдытнай карткі	['numar krɛ'ditnaj 'kartki]
caixa (m) eletrônico	банкамат (м)	[banka'mat]
cheque (m)	чэк (м)	['ʧɛk]
passar um cheque	выпісаць чэк	['vipisatsʲ 'ʧɛk]
talão (m) de cheques	чэкавая кніжка (ж)	['ʧɛkavaʲa 'kniʃka]
empréstimo (m)	крэдыт (м)	[krɛ'dit]
pedir um empréstimo	звяртацца па крэдыт	[zvʲar'tatsa pa krɛ'dit]
obter empréstimo	браць крэдыт	['bratsʲ krɛ'dit]
dar um empréstimo	даваць крэдыт	[da'vatsʲ krɛ'dit]
garantia (f)	гарантыя (ж)	[ɦa'rantiʲa]

79. Telefone. Conversação telefônica

telefone (m)	тэлефон (м)	[tɛle'fɔn]
celular (m)	мабільны тэлефон (м)	[ma'bilʲni tɛle'fɔn]
secretária (f) eletrônica	аўтаадказчык (м)	[awtaat'kaʃɕik]
fazer uma chamada	тэлефанаваць	[tɛlefana'vatsʲ]
chamada (f)	тэлефанаванне (н)	[tɛlefana'vanne]
discar um número	набраць нумар	[nab'ratsʲ 'numar]
Alô!	алё!	[a'lʲo]
perguntar (vt)	спытаць	[spi'tatsʲ]
responder (vt)	адказаць	[atka'zatsʲ]
ouvir (vt)	чуць	['ʧutsʲ]
bem	добра	['dɔbra]
mal	дрэнна	['drɛnna]
ruído (m)	перашкоды (ж мн)	[pera'ʃkɔdi]
fone (m)	трубка (ж)	['trupka]
pegar o telefone	зняць трубку	['znʲatsʲ 'trupku]
desligar (vi)	пакласці трубку	[pa'klasʲtsi 'trupku]
ocupado (adj)	заняты	[za'nʲati]
tocar (vi)	званіць	[zva'nitsʲ]
lista (f) telefônica	тэлефонная кніга (ж)	[tɛle'fɔnnaʲa 'kniɦa]
local (adj)	мясцовы	[mʲas'tsɔvɨ]
chamada (f) local	мясцовы званок (м)	[mʲas'tsɔvɨ zva'nɔk]

de longa distância	міжгародні	[miʒɦa'rɔdni]
chamada (f) de longa distância	міжгародні званок (m)	[miʒɦa'rɔdni zva'nok]
internacional (adj)	міжнародны	[miʒna'rɔdni]
chamada (f) internacional	міжнародны званок (m)	[miʒna'rɔdni zva'nok]

80. Telefone móvel

celular (m)	мабільны тэлефон (m)	[ma'bilʲni tɛle'fɔn]
tela (f)	дысплей (m)	[dis'plej]
botão (m)	кнопка (ж)	['knɔpka]
cartão SIM (m)	SIM-картка (ж)	[sim'kartka]
bateria (f)	батарэя (ж)	[bata'rɛʲa]
descarregar-se (vr)	разрадзіцца	[razra'dziʦa]
carregador (m)	зарадная прылада (ж)	[za'radnaʲa pri'lada]
menu (m)	меню (н)	[me'nʉ]
configurações (f pl)	наладкі (ж мн)	[na'latki]
melodia (f)	мелодыя (ж)	[me'lɔdiʲa]
escolher (vt)	выбраць	['vibratsʲ]
calculadora (f)	калькулятар (m)	[kalʲku'lʲatar]
correio (m) de voz	галасавая пошта (ж)	[ɦalasa'vaja 'poʃta]
despertador (m)	будзільнік (m)	[bu'dzilʲnik]
contatos (m pl)	тэлефонная кніга (ж)	[tɛle'fɔnnaʲa 'kniɦa]
mensagem (f) de texto	SMS-паведамленне (н)	[ɛsɛ'mɛs pavedam'lenne]
assinante (m)	абанент (m)	[aba'nent]

81. Estacionário

caneta (f)	аўтаручка (ж)	[awta'rutʃka]
caneta (f) tinteiro	ручка (ж) пёравая	['rutʃka 'pʲoravaʲa]
lápis (m)	аловак (m)	[a'lɔvak]
marcador (m) de texto	маркёр (m)	[mar'kʲor]
caneta (f) hidrográfica	фламастэр (m)	[fla'mastɛr]
bloco (m) de notas	блакнот (m)	[blak'nɔt]
agenda (f)	штодзённік (m)	[ʃtɔ'dzʲonnik]
régua (f)	лінейка (ж)	[li'nejka]
calculadora (f)	калькулятар (m)	[kalʲku'lʲatar]
borracha (f)	сцірка (ж)	['stsirka]
alfinete (m)	кнопка (ж)	['knɔpka]
clipe (m)	сашчэпка (ж)	[sa'ʃɕɛpka]
cola (f)	клей (m)	['klej]
grampeador (m)	стэплер (m)	['stɛpler]
furador (m) de papel	дзіркакол (m)	[dzirka'kɔl]
apontador (m)	тачылка (ж)	[ta'tʃilka]

82. Tipos de negócios

serviços (m pl) de contabilidade	бухгалтарскія паслугі (ж мн)	[buh'ɦaltarskiˡa pas'luɦi]
publicidade (f)	рэклама (ж)	[rɛk'lama]
agência (f) de publicidade	рэкламнае агенцтва (н)	[rɛk'lamnae a'ɦentstva]
ar (m) condicionado	кандыцыянеры (м мн)	[kandɨtsiˡa'neri]
companhia (f) aérea	авіякампанія (ж)	[aviˡakam'paniˡa]
bebidas (f pl) alcoólicas	спіртныя напіткі (м мн)	[spirt'niˡa na'pitki]
comércio (m) de antiguidades	антыкварыят (м)	[antɨkvari'ˡat]
galeria (f) de arte	галерэя (ж)	[ɦale'rɛˡa]
serviços (m pl) de auditoria	аўдытарскія паслугі (ж мн)	[aw'dɨtarskiˡa pas'luɦi]
negócios (m pl) bancários	банкаўскі бізнэс (м)	['bankawski 'biznɛs]
bar (m)	бар (м)	['bar]
salão (m) de beleza	салон (м) прыгажосці	[sa'lɔn priɦa'ʒɔsˡtsi]
livraria (f)	кнігарня (ж)	[kni'ɦarnˡa]
cervejaria (f)	бровар (м)	['brɔvar]
centro (m) de escritórios	бізнэс-цэнтр (м)	['biznɛs 'tsɛntr]
escola (f) de negócios	бізнэс-школа (ж)	['biznɛs 'ʃkɔla]
cassino (m)	казіно (н)	[kazi'nɔ]
construção (f)	будаўніцтва (н)	[budaw'nitstva]
consultoria (f)	кансалтынг (м)	[kan'saltɨnɦ]
clínica (f) dentária	стаматалогія (н)	[stamata'lɔɦiˡa]
design (m)	дызайн (м)	[dɨ'zajn]
drogaria (f)	аптэка (ж)	[ap'tɛka]
lavanderia (f)	хімчыстка (ж)	[him'ʧistka]
agência (f) de emprego	кадравае агенцтва (н)	['kadravae a'ɦentstva]
serviços (m pl) financeiros	фінансавыя паслугі (ж мн)	[fi'nansaviˡa pas'luɦi]
alimentos (m pl)	прадукты (м мн) харчавання	[pra'dukti harʧa'vannˡa]
funerária (f)	пахавальнае бюро (н)	[paha'valˡnae bʉ'rɔ]
mobiliário (m)	мэбля (ж)	['mɛblˡa]
roupa (f)	адзенне (н)	[a'dzenne]
hotel (m)	гасцініца (ж)	[ɦas'tsinitsa]
sorvete (m)	марожанае (н)	[ma'rɔʒanae]
indústria (f)	прамысловасць (ж)	[pramɨ'slɔvasˡtsˡ]
seguro (~ de vida, etc.)	страхаванне (н)	[straha'vanne]
internet (f)	інтэрнэт (м)	[intɛr'nɛt]
investimento (m)	інвестыцыі (ж мн)	[inves'titsɨi]
joalheiro (m)	ювелір (м)	[ʉve'lir]
joias (f pl)	ювелірныя вырабы (м мн)	[ʉve'lirniˡa 'virabɨ]
lavanderia (f)	пральня (ж)	['pralˡnˡa]
assessorias (f pl) jurídicas	юрыдычныя паслугі (ж мн)	[ʉri'dɨʧniˡa pas'luɦi]
indústria (f) ligeira	лёгкая прамысловасць (ж)	['lˡɔɦkaˡa pramɨ'slɔvasˡtsˡ]
revista (f)	часопіс (м)	[ʧa'sɔpis]
vendas (f pl) por catálogo	гандаль (м) па каталозе	['ɦandalˡ pa kata'lɔze]
medicina (f)	медыцына (ж)	[medɨ'tsina]
cinema (m)	кінатэатр (м)	[kinatɛ'atr]

museu (m)	музей (м)	[mu'zej]
agência (f) de notícias	інфармацыйнае агенцтва (н)	[infarma'tsijnae a'hentstva]
jornal (m)	газета (ж)	[ha'zeta]
boate (casa noturna)	начны клуб (м)	[natʃ'nɨ 'klup]
petróleo (m)	нафта (ж)	['nafta]
serviços (m pl) de remessa	кур'ерская служба (ж)	[kur"erskaʲa 'sluʒba]
indústria (f) farmacêutica	фармацэўтыка (ж)	[farma'tsɛwtika]
tipografia (f)	паліграфія (ж)	[pali'hrafiʲa]
editora (f)	выдавецтва (н)	[vɨda'vetstva]
rádio (m)	радыё (н)	['radɨʲo]
imobiliário (m)	нерухомасць (ж)	[neru'hɔmastsʲ]
restaurante (m)	рэстаран (м)	[rɛsta'ran]
empresa (f) de segurança	ахоўнае агенцтва (н)	[a'hɔwnae a'hentstva]
esporte (m)	спорт (м)	['spɔrt]
bolsa (f) de valores	біржа (ж)	['birʒa]
loja (f)	крама (ж)	['krama]
supermercado (m)	супермаркет (м)	[super'market]
piscina (f)	басейн (м)	[ba'sejn]
alfaiataria (f)	атэлье (н)	[atɛ'lʲe]
televisão (f)	тэлебачанне (н)	[tɛle'batʃanne]
teatro (m)	тэатр (м)	[tɛ'atr]
comércio (m)	гандаль (м)	['handalʲ]
serviços (m pl) de transporte	перавозкі (ж мн)	[pera'vɔski]
viagens (f pl)	турызм (м)	[tu'rizm]
veterinário (m)	ветэрынар (м)	[vetɛri'nar]
armazém (m)	склад (м)	['sklat]
recolha (f) do lixo	вываз (м) смецця	['vɨvas 'smetsʲa]

Emprego. Negócios. Parte 2

83. Espetáculo. Feira

feira, exposição (f)	выстава (ж)	[vis'tava]
feira (f) comercial	гандлёвая выстава (ж)	[ɦand'lʲovaʲa vis'tava]
participação (f)	удзел (м)	[u'dzel]
participar (vi)	удзельнічаць	[u'dzelʲnitʃatsʲ]
participante (m)	удзельнік (м)	[u'dzelʲnik]
diretor (m)	дырэктар (м)	[di'rɛktar]
direção (f)	дырэкцыя (ж),	[di'rɛktsiʲa],
	аргкамітэт (м)	[arɦkami'tɛt]
organizador (m)	арганізатар (м)	[arɦani'zatar]
organizar (vt)	арганізоўваць	[arɦani'zowvatsʲ]
ficha (f) de inscrição	заяўка (ж) на ўдзел	[za'ʲawka na u'dzel]
preencher (vt)	запоўніць	[za'pownitsʲ]
detalhes (m pl)	дэталі (ж мн)	[dɛ'tali]
informação (f)	інфармацыя (ж)	[infar'matsiʲa]
preço (m)	цана (ж)	[tsa'na]
incluindo	уключаючы	[uklʉ'tʃajutʃi]
incluir (vt)	уключаць	[uklʉ'tʃatsʲ]
pagar (vt)	плаціць	[pla'tsitsʲ]
taxa (f) de inscrição	рэгістрацыйны ўзнос (м)	[rɛɦistra'tsijni 'wznɔs]
entrada (f)	уваход (м)	[uva'hɔt]
pavilhão (m), salão (f)	павільён (м)	[pavi'lʲjɔn]
inscrever (vt)	рэгістраваць	[rɛɦistra'vatsʲ]
crachá (m)	бэдж (м)	['bɛdʒ]
stand (m)	стэнд (м)	['stɛnt]
reservar (vt)	рэзерваваць	[rɛzerva'vatsʲ]
vitrine (f)	вітрына (ж)	[vit'rina]
lâmpada (f)	свяцільня (ж)	[svʲa'tsilʲnʲa]
design (m)	дызайн (м)	[di'zajn]
pôr (posicionar)	размяшчаць	[razmʲa'ʃɕatsʲ]
ser colocado, -a	размяшчацца	[razmʲa'ʃɕatsa]
distribuidor (m)	дыстрыб'ютар (м)	[distrib'ʲʉtar]
fornecedor (m)	пастаўшчык (м)	[pastaw'ʃɕik]
fornecer (vt)	пастаўляць	[pastaw'lʲatsʲ]
país (m)	краіна (ж)	[kra'ina]
estrangeiro (adj)	замежны	[za'meʒni]
produto (m)	прадукт (м)	[pra'dukt]
associação (f)	асацыяцыя (ж)	[asatsi'ʲatsiʲa]
sala (f) de conferência	канферэнц-зала (ж)	[kanfe'rɛnts 'zala]

| congresso (m) | кангрэс (м) | [kanɦ'rɛs] |
| concurso (m) | конкурс (м) | ['kɔnkurs] |

visitante (m)	наведвальнік (м)	[na'vedvalʲnik]
visitar (vt)	наведваць	[na'vedvatsʲ]
cliente (m)	заказчык (м)	[za'kaʃɕik]

84. Ciência. Investigação. Cientistas

ciência (f)	навука (ж)	[na'vuka]
científico (adj)	навуковы	[navu'kɔvi]
cientista (m)	навуковец (м)	[navu'kɔvets]
teoria (f)	тэорыя (ж)	[tɛ'ɔriʲa]

axioma (m)	аксіёма (ж)	[aksiʲʲoma]
análise (f)	аналіз (м)	[a'nalis]
analisar (vt)	аналізаваць	[analiza'vatsʲ]
argumento (m)	аргумент (м)	[arɦu'ment]
substância (f)	рэчыва (н)	['rɛʧiva]

hipótese (f)	гіпотэза (ж)	[ɦi'pɔtɛza]
dilema (m)	дылема (ж)	[di'lema]
tese (f)	дысертацыя (ж)	[diser'tatsʲia]
dogma (m)	догма (ж)	['dɔɦma]

doutrina (f)	дактрына (ж)	[dak'trina]
pesquisa (f)	даследаванне (н)	[da'sledavanne]
pesquisar (vt)	даследаваць	[da'sledavatsʲ]
testes (m pl)	кантроль (м)	[kan'trɔlʲ]
laboratório (m)	лабараторыя (ж)	[labara'tɔriʲa]

método (m)	метад (м)	['metat]
molécula (f)	малекула (ж)	[ma'lekula]
monitoramento (m)	маніторынг (м)	[mani'tɔrinɦ]
descoberta (f)	адкрыццё (н)	[atkri'tsʲo]

postulado (m)	пастулат (м)	[pastu'lat]
princípio (m)	прынцып (м)	['printsip]
prognóstico (previsão)	прагноз (м)	[praɦ'nɔs]
prognosticar (vt)	прагназіраваць	[praɦna'ziravatsʲ]

síntese (f)	сінтэз (м)	['sintɛs]
tendência (f)	тэндэнцыя (ж)	[tɛn'dɛntsʲia]
teorema (m)	тэарэма (ж)	[tɛa'rɛma]

ensinamentos (m pl)	вучэнне (н)	[vu'ʧɛnne]
fato (m)	факт (м)	['fakt]
expedição (f)	экспедыцыя (ж)	[ɛkspe'ditsʲia]
experiência (f)	эксперымент (м)	[ɛksperi'ment]

acadêmico (m)	акадэмік (м)	[aka'dɛmik]
bacharel (m)	бакалаўр (м)	[baka'lawr]
doutor (m)	доктар (м)	['dɔktar]
professor (m) associado	дацэнт (м)	[da'tsɛnt]

mestrado (m)	магістр (м)	[ma'ɦistr]
professor (m)	прафесар (м)	[pra'fesar]

Profissões e ocupações

85. Procura de emprego. Demissão

trabalho (m)	праца (ж)	['pratsa]
equipe (f)	штат (м)	['ʃtat]
pessoal (m)	персанал (м)	[persa'nal]
carreira (f)	кар'ера (ж)	[kar"era]
perspectivas (f pl)	перспектыва (ж)	[perspek'tiva]
habilidades (f pl)	майстэрства (н)	[maj'stɛrstva]
seleção (f)	падбор (м)	[pad'bɔr]
agência (f) de emprego	кадравае агенцтва (н)	['kadravae a'ɦentstva]
currículo (m)	рэзюмэ (н)	[rɛzʉ'mɛ]
entrevista (f) de emprego	сумоўе (н)	[su'mɔwe]
vaga (f)	вакансія (ж)	[va'kansiʲa]
salário (m)	заробак (м)	[za'rɔbak]
salário (m) fixo	аклад (м)	[ak'lat]
pagamento (m)	аплата (ж)	[a'plata]
cargo (m)	пасада (ж)	[pa'sada]
dever (do empregado)	абавязак (м)	[aba'vʲazak]
gama (f) de deveres	кола (н)	['kɔla]
ocupado (adj)	заняты	[za'nʲati]
despedir, demitir (vt)	звольніць	['zvɔlʲnitsʲ]
demissão (f)	звальненне (н)	[zvalʲ'nenne]
desemprego (m)	беспрацоўе (н)	[bespra'tsɔwe]
desempregado (m)	беспрацоўны (м)	[bespra'tsɔwnɨ]
aposentadoria (f)	пенсія (ж)	['pensiʲa]
aposentar-se (vr)	пайсці на пенсію	[pajs'tsi na 'pensiʉ]

86. Gente de negócios

diretor (m)	дырэктар (м)	[dɨ'rɛktar]
gerente (m)	загадчык (м)	[za'ɦatʃik]
patrão, chefe (m)	кіраўнік (м)	[kiraw'nik]
superior (m)	начальнік (м)	[na'tʃalʲnik]
superiores (m pl)	начальства (н)	[na'tʃalʲstva]
presidente (m)	прэзідэнт (м)	[prɛzi'dɛnt]
chairman (m)	старшыня (ж)	[starʃi'nʲa]
substituto (m)	намеснік (м)	[na'mesnik]
assistente (m)	памочнік (м)	[pa'mɔtʃnik]

secretário (m)	сакратар (м)	[sakra'tar]
secretário (m) pessoal	асабісты сакратар (м)	[asa'bistі sakra'tar]
homem (m) de negócios	бізнэсмен (м)	[biznɛs'men]
empreendedor (m)	прадпрымальнік (м)	[pratpri'malʲnik]
fundador (m)	заснавальнік (м)	[zasna'valʲnik]
fundar (vt)	заснаваць	[zasna'vatsʲ]
principiador (m)	заснавальнік (м)	[zasna'valʲnik]
parceiro, sócio (m)	партнёр (м)	[part'nʲor]
acionista (m)	акцыянер (м)	[aktsiʲa'ner]
milionário (m)	мільянер (м)	[milʲa'ner]
bilionário (m)	мільярдэр (м)	[milʲar'dɛr]
proprietário (m)	уладальнік (м)	[ula'dalʲnik]
proprietário (m) de terras	землеўладальнік (м)	[zemlewla'dalʲnik]
cliente (m)	кліент (м)	[kli'ent]
cliente (m) habitual	сталы кліент (м)	[stalі kli'ent]
comprador (m)	пакупнік (м)	[pakup'nik]
visitante (m)	наведвальнік (м)	[na'vedvalʲnik]
profissional (m)	прафесіянал (м)	[prafesiʲa'nal]
perito (m)	эксперт (м)	[ɛks'pert]
especialista (m)	спецыяліст (м)	[spetsiʲa'list]
banqueiro (m)	банкір (м)	[ban'kir]
corretor (m)	брокер (м)	['brɔker]
caixa (m, f)	касір (м)	[ka'sir]
contador (m)	бухгалтар (м)	[buh'ɦaltar]
guarda (m)	ахоўнік (м)	[a'ɦɔwnik]
investidor (m)	інвестар (м)	[in'vestar]
devedor (m)	даўжнік (м)	[dawʒ'nik]
credor (m)	крэдытор (м)	[krɛdi'tɔr]
mutuário (m)	пазычальнік (м)	[pazi'ʧalʲnik]
importador (m)	імпарцёр (м)	[impar'tsʲor]
exportador (m)	экспарцёр (м)	[ɛkspar'tsʲor]
produtor (m)	вытворца (м)	[vit'vɔrtsa]
distribuidor (m)	дыстрыб'ютар (м)	[distrib"ʉtar]
intermediário (m)	пасярэднік (м)	[pasʲa'rɛdnik]
consultor (m)	кансультант (м)	[kansulʲ'tant]
representante comercial	прадстаўнік (м)	[pratsstaw'nik]
agente (m)	агент (м)	[a'ɦent]
agente (m) de seguros	страхавы агент (м)	[straha'vі a'ɦent]

87. Profissões de serviços

cozinheiro (m)	повар (м)	['pɔvar]
chefe (m) de cozinha	шэф-повар (м)	[ʃɛf'pɔvar]

padeiro (m)	пекар (м)	['pekar]
barman (m)	бармэн (м)	[bar'mɛn]
garçom (m)	афіцыянт (м)	[afitsi'ʲant]
garçonete (f)	афіцыянтка (ж)	[afitsi'ʲantka]

advogado (m)	адвакат (м)	[adva'kat]
jurista (m)	юрыст (м)	[ʉ'rist]
notário (m)	натарыус (м)	[na'tarius]

eletricista (m)	электрык (м)	[ɛ'lektrik]
encanador (m)	сантэхнік (м)	[san'tɛhnik]
carpinteiro (m)	цясляр (м)	[tsʲas'lʲar]

massagista (m)	масажыст (м)	[masa'ʒist]
massagista (f)	масажыстка (ж)	[masa'ʒistka]
médico (m)	урач (м)	[u'ratʃ]

taxista (m)	таксіст (м)	[tak'sist]
condutor (automobilista)	шафёр (м)	[ʃa'fʲor]
entregador (m)	кур'ер (м)	[kur'ʲer]

camareira (f)	пакаёўка (ж)	[paka'ʲowka]
guarda (m)	ахоўнік (м)	[a'hɔwnik]
aeromoça (f)	сцюардэса (ж)	[sʲtsʉar'dɛsa]

professor (m)	настаўнік (м)	[na'stawnik]
bibliotecário (m)	бібліятэкар (м)	[biblʲiʲa'tɛkar]
tradutor (m)	перакладчык (м)	[pera'klatʃik]
intérprete (m)	перакладчык (м)	[pera'klatʃik]
guia (m)	гід, экскурсавод (м)	['hit], [ɛkskursa'vɔt]

cabeleireiro (m)	цырульнік (м)	[tsɨ'rulʲnik]
carteiro (m)	паштальён (м)	[paʃta'lʲon]
vendedor (m)	прадавец (м)	[prada'vets]

jardineiro (m)	садоўнік (м)	[sa'dɔwnik]
criado (m)	слуга (м, ж)	[slu'ha]
criada (f)	служанка (ж)	[slu'ʒanka]
empregada (f) de limpeza	прыбіральшчыца (ж)	[pribi'ralʲʃtɕitsa]

88. Profissões militares e postos

soldado (m) raso	радавы (м)	[rada'vi]
sargento (m)	сяржант (м)	[sʲar'ʒant]
tenente (m)	лейтэнант (м)	[lejtɛ'nant]
capitão (m)	капітан (м)	[kapi'tan]

major (m)	маёр (м)	[ma'ʲor]
coronel (m)	палкоўнік (м)	[pal'kɔwnik]
general (m)	генерал (м)	[hene'ral]
marechal (m)	маршал (м)	['marʃal]
almirante (m)	адмірал (м)	[admi'ral]
militar (m)	вайсковец (м)	[vajs'kɔvets]
soldado (m)	салдат (м)	[sal'dat]

| oficial (m) | афіцэр (м) | [afi'tsɛr] |
| comandante (m) | камандзір (м) | [kaman'dzir] |

guarda (m) de fronteira	пагранічнік (м)	[paɦra'nitʃnik]
operador (m) de rádio	радыст (м)	[ra'dist]
explorador (m)	разведчык (м)	[raz'vetʃik]
sapador-mineiro (m)	сапёр (м)	[sa'pʲor]
atirador (m)	стралок (м)	[stra'lɔk]
navegador (m)	штурман (м)	['ʃturman]

89. Oficiais. Padres

| rei (m) | кароль (м) | [ka'rɔlʲ] |
| rainha (f) | каралева (ж) | [kara'leva] |

| príncipe (m) | прынц (м) | ['prints] |
| princesa (f) | прынцэса (ж) | [prin'tsɛsa] |

| czar (m) | цар (м) | ['tsar] |
| czarina (f) | царыца (ж) | [tsa'ritsa] |

presidente (m)	Прэзідэнт (м)	[prɛzi'dɛnt]
ministro (m)	міністр (м)	[mi'nistr]
primeiro-ministro (m)	прэм'ер-міністр (м)	[prɛm''er mi'nistr]
senador (m)	сенатар (м)	[se'natar]

diplomata (m)	дыпламат (м)	[dipla'mat]
cônsul (m)	консул (м)	['kɔnsul]
embaixador (m)	пасол (м)	[pa'sɔl]
conselheiro (m)	саветнік (м)	[sa'vetnik]

funcionário (m)	чыноўнік (м)	[tʃi'nɔwnik]
prefeito (m)	прэфект (м)	[prɛ'fekt]
Presidente (m) da Câmara	мэр (м)	['mɛr]

| juiz (m) | суддзя (м) | [su'dzʲa] |
| procurador (m) | пракурор (м) | [praku'rɔr] |

missionário (m)	місіянер (м)	[misiʲa'ner]
monge (m)	манах (м)	[ma'nah]
abade (m)	абат (м)	[a'bat]
rabino (m)	рабін (м)	[ra'bin]

vizir (m)	візір (м)	[vi'zir]
xá (m)	шах (м)	['ʃah]
xeique (m)	шэйх (м)	['ʃɛjh]

90. Profissões agrícolas

abelheiro (m)	пчаляр (м)	[ptʃa'lʲar]
pastor (m)	пастух (м)	[pas'tuh]
agrônomo (m)	агроном (м)	[aɦra'nɔm]

| criador (m) de gado | жывёлавод (м) | [ʒi'vʲola'vɔt] |
| veterinário (m) | ветэрынар (м) | [vetɛri'nar] |

agricultor, fazendeiro (m)	фермер (м)	['fermer]
vinicultor (m)	вінароб (м)	[vina'rɔp]
zoólogo (m)	заолаг (м)	[za'ɔlaɦ]
vaqueiro (m)	каўбой (м)	[kaw'bɔj]

91. Profissões artísticas

| ator (m) | акцёр (м) | [ak'tsʲor] |
| atriz (f) | актрыса (ж) | [akt'risa] |

| cantor (m) | спявак (м) | [spʲa'vak] |
| cantora (f) | спявачка (ж) | [spʲa'vatʃka] |

| bailarino (m) | танцор (м) | [tan'tsɔr] |
| bailarina (f) | танцоўшчыца (ж) | [tan'tsɔwʃɕitsa] |

| artista (m) | артыст (м) | [ar'tist] |
| artista (f) | артыстка (ж) | [ar'tistka] |

músico (m)	музыка (м)	[mu'zika]
pianista (m)	піяніст (м)	[piʲa'nist]
guitarrista (m)	гітарыст (м)	[ɦita'rist]

maestro (m)	дырыжор (м)	[diri'ʒɔr]
compositor (m)	кампазітар (м)	[kampa'zitar]
empresário (m)	імпрэсарыо (м)	[imprɛ'sariɔ]

diretor (m) de cinema	рэжысёр (м)	[rɛʒi'sʲor]
produtor (m)	прадзюсер (м)	[pra'dzuser]
roteirista (m)	сцэнарыст (м)	[stsɛna'rist]
crítico (m)	крытык (м)	['kritik]

escritor (m)	пісьменнік (м)	[pisʲ'mennik]
poeta (m)	паэт (м)	[pa'ɛt]
escultor (m)	скульптар (м)	['skulʲptar]
pintor (m)	мастак (м)	[mas'tak]

malabarista (m)	жанглёр (м)	[ʒanɦ'lʲor]
palhaço (m)	клоун (м)	['klɔun]
acrobata (m)	акрабат (м)	[akra'bat]
ilusionista (m)	фокуснік (м)	['fɔkusnik]

92. Várias profissões

médico (m)	урач (м)	[u'ratʃ]
enfermeira (f)	медсястра (ж)	[mɛtsʲas'tra]
psiquiatra (m)	псіхіятр (м)	[psihiʲ'atr]
dentista (m)	стаматолаг (м)	[stama'tɔlaɦ]
cirurgião (m)	хірург (м)	[hi'rurɦ]

astronauta (m)	астранаўт (м)	[astra'nawt]
astrônomo (m)	астраном (м)	[astra'nɔm]
piloto (m)	лётчык, пілот (м)	[lʲottʃik], [pi'lot]
motorista (m)	вадзіцель (м)	[va'dzitselʲ]
maquinista (m)	машыніст (м)	[maʃi'nist]
mecânico (m)	механік (м)	[me'hanik]
mineiro (m)	шахцёр (м)	[ʃah'tsʲor]
operário (m)	рабочы (м)	[ra'bɔtʃi]
serralheiro (m)	слесар (м)	['slesar]
marceneiro (m)	сталяр (м)	[sta'lʲar]
torneiro (m)	токар (м)	['tɔkar]
construtor (m)	будаўнік (м)	[budaw'nik]
soldador (m)	зваршчык (м)	['zvarʃɕik]
professor (m)	прафесар (м)	[pra'fesar]
arquiteto (m)	архітэктар (м)	[arhi'tɛktar]
historiador (m)	гісторык (м)	[his'tɔrik]
cientista (m)	навуковец (м)	[navu'kɔvets]
físico (m)	фізік (м)	['fizik]
químico (m)	хімік (м)	['himik]
arqueólogo (m)	археолаг (м)	[arhe'ɔlaɦ]
geólogo (m)	геолаг (м)	[ɦe'ɔlaɦ]
pesquisador (cientista)	даследчык (м)	[da'sletʃik]
babysitter, babá (f)	нянька (ж)	['nʲanʲka]
professor (m)	педагог (м)	[peda'ɦɔɦ]
redator (m)	рэдактар (м)	[rɛ'daktar]
redator-chefe (m)	галоўны рэдактар (м)	[ɦa'lɔwni rɛ'daktar]
correspondente (m)	карэспандэнт (м)	[karɛspan'dɛnt]
datilógrafa (f)	машыністка (ж)	[maʃi'nistka]
designer (m)	дызайнер (м)	[di'zajner]
especialista (m) em informática	камп'ютэршчык (м)	[kampʺɥtɛrʃɕik]
programador (m)	праграміст (м)	[praɦra'mist]
engenheiro (m)	інжынер (м)	[inʒi'ner]
marujo (m)	марак (м)	[ma'rak]
marinheiro (m)	матрос (м)	[mat'rɔs]
socorrista (m)	ратавальнік (м)	[rata'valʲnik]
bombeiro (m)	пажарны (м)	[pa'ʒarnɨ]
polícia (m)	паліцэйскі (м)	[pali'tsɛjski]
guarda-noturno (m)	вартаўнік (м)	[vartaw'nik]
detetive (m)	сышчык (м)	['siʃɕik]
funcionário (m) da alfândega	мытнік (м)	['mɨtnik]
guarda-costas (m)	целаахоўнік (м)	[tselaa'hɔwnik]
guarda (m) prisional	наглядчык (м)	[na'ɦlʲatʃik]
inspetor (m)	інспектар (м)	[in'spektar]
esportista (m)	спартсмен (м)	[sparts'men]
treinador (m)	трэнер (м)	['trɛner]

açougueiro (m)	мяснік (м)	[mʲas'nik]
sapateiro (m)	шавец (м)	[ʃa'vets]
comerciante (m)	камерсант (м)	[kamer'sant]
carregador (m)	грузчык (м)	['ɦruʃɕik]

| estilista (m) | мадэльер (м) | [madɛ'lʲer] |
| modelo (f) | мадэль (ж) | [ma'dɛlʲ] |

93. Ocupações. Estatuto social

| estudante (~ de escola) | школьнік (м) | ['ʃkɔlʲnik] |
| estudante (~ universitária) | студэнт (м) | [stu'dɛnt] |

filósofo (m)	філосаф (м)	[fi'lɔsaf]
economista (m)	эканаміст (м)	[ɛkana'mist]
inventor (m)	вынаходца (м)	[vina'hɔtsa]

desempregado (m)	беспрацоўны (м)	[bespra'tsɔwnɨ]
aposentado (m)	пенсіянер (м)	[pensiʲa'ner]
espião (m)	шпіён (м)	['ʃpiʲon]

preso, prisioneiro (m)	зняволены (м)	[znʲa'vɔlenɨ]
grevista (m)	забастоўшчык (м)	[zaba'stɔwʃɕik]
burocrata (m)	бюракрат (м)	[bura'krat]
viajante (m)	падарожнік (м)	[pada'rɔʒnik]

| homossexual (m) | гомасексуаліст (м) | [ɦɔmaseksua'list] |
| hacker (m) | хакер (м) | ['haker] |

bandido (m)	бандыт (м)	[ban'dit]
assassino (m)	наёмны забойца (м)	[na'ʲomnɨ za'bɔjtsa]
drogado (m)	наркаман (м)	[narka'man]
traficante (m)	наркагандляр (м)	[narkaɦand'lʲar]
prostituta (f)	прастытутка (ж)	[prasti'tutka]
cafetão (m)	сутэнёр (м)	[sutɛ'nʲor]

bruxo (m)	вядзьмак (м)	[vʲadzj'mak]
bruxa (f)	вядзьмарка (ж)	[vʲadzj'marka]
pirata (m)	пірат (м)	[pi'rat]
escravo (m)	раб (м)	['rap]
samurai (m)	самурай (м)	[samu'raj]
selvagem (m)	дзікун (м)	[dzi'kun]

Educação

94. Escola

| escola (f) | школа (ж) | ['ʃkɔla] |
| diretor (m) de escola | дырэктар (м) школы | [di'rɛktar 'ʃkɔli] |

aluno (m)	вучань (м)	['vutʃanʲ]
aluna (f)	вучаніца (ж)	[vutʃa'nitsa]
estudante (m)	школьнік (м)	['ʃkɔlʲnik]
estudante (f)	школьніца (ж)	['ʃkɔlʲnitsa]

ensinar (vt)	навучаць	[navu'tʃatsʲ]
aprender (vt)	вучыць	[vu'tʃitsʲ]
decorar (vt)	вучыць напамяць	[vu'tʃits na'pamʲatsʲ]

estudar (vi)	вучыцца	[vu'tʃitsa]
estar na escola	вучыцца	[vu'tʃitsa]
ir à escola	ісці ў школу	[is'tsi w 'ʃkɔlu]

| alfabeto (m) | алфавіт (м) | [alfa'vit] |
| disciplina (f) | прадмет (м) | [prad'met] |

sala (f) de aula	клас (м)	['klas]
lição, aula (f)	урок (м)	[u'rɔk]
recreio (m)	перапынак (м)	[pera'pinak]
toque (m)	званок (м)	[zva'nɔk]
classe (f)	парта (ж)	['parta]
quadro (m) negro	дошка (ж)	['dɔʃka]

nota (f)	адзнака (ж)	[ad'znaka]
boa nota (f)	добрая адзнака (ж)	['dɔbraʲa ad'znaka]
nota (f) baixa	дрэнная адзнака (ж)	['drɛnnaʲa ad'znaka]
dar uma nota	ставіць адзнаку	[stavitsʲ ad'znaku]

erro (m)	памылка (ж)	[pa'miɫka]
errar (vi)	рабіць памылкі	[ra'bitsʲ pa'miɫki]
corrigir (~ um erro)	выпраўляць	[vipraw'lʲatsʲ]
cola (f)	шпаргалка (ж)	[ʃpar'ɦalka]

| dever (m) de casa | дамашняе заданне (н) | [da'maʃnʲae za'danne] |
| exercício (m) | практыкаванне (н) | [praktika'vanne] |

estar presente	прысутнічаць	[pri'sutnitʃatsʲ]
estar ausente	адсутнічаць	[a'tsutnitʃatsʲ]
faltar às aulas	прапускаць урокі	[prapus'katsʲ u'roki]

punir (vt)	караць	[ka'ratsʲ]
punição (f)	пакаранне (н)	[paka'ranne]
comportamento (m)	паводзіны (мн)	[pa'vɔdzini]

boletim (m) escolar	дзённік (м)	['dzʲonnik]
lápis (m)	аловак (м)	[a'lɔvak]
borracha (f)	сцірка (ж)	['stsirka]
giz (m)	крэйда (ж)	['krɛjda]
porta-lápis (m)	пенал (м)	[pe'nal]

mala, pasta, mochila (f)	партфель (м)	[part'felʲ]
caneta (f)	ручка (ж)	['rutʃka]
caderno (m)	сшытак (м)	['ʃitak]
livro (m) didático	падручнік (м)	[pad'rutʃnik]
compasso (m)	цыркуль (м)	['tsirkulʲ]

traçar (vt)	чарціць	[tʃar'tsitsʲ]
desenho (m) técnico	чарцёж (м)	[tʃar'tsʲoʃ]

poesia (f)	верш (м)	['verʃ]
de cor	напамяць	[na'pamʲatsʲ]
decorar (vt)	вучыць напамяць	[vu'tʃits na'pamʲatsʲ]

férias (f pl)	канікулы (мн)	[ka'nikuli]
estar de férias	быць на канікулах	[bitsʲ na ka'nikulah]
passar as férias	правесці канікулы	[pra'vestsi ka'nikuli]

teste (m), prova (f)	кантрольная работа (ж)	[kan'trɔlʲnaʲa ra'bota]
redação (f)	сачыненне (н)	[satʃi'nenne]
ditado (m)	дыктоўка (ж)	[dik'tɔwka]
exame (m), prova (f)	экзамен (м)	[ɛg'zamen]
fazer prova	здаваць экзамены	[zda'vatsʲ ɛɦ'zameni]
experiência (~ química)	дослед (м)	['dɔslet]

95. Colégio. Universidade

academia (f)	акадэмія (ж)	[aka'dɛmiʲa]
universidade (f)	універсітэт (м)	[universi'tɛt]
faculdade (f)	факультэт (м)	[fakulʲ'tɛt]

estudante (m)	студэнт (м)	[stu'dɛnt]
estudante (f)	студэнтка (ж)	[stu'dɛntka]
professor (m)	выкладчык (м)	[vik'latʃik]

auditório (m)	аўдыторыя (ж)	[awdi'tɔriʲa]
graduado (m)	выпускнік (м)	[vipusk'nik]

diploma (m)	дыплом (м)	[dip'lɔm]
tese (f)	дысертацыя (ж)	[diser'tatsiʲa]

estudo (obra)	даследаванне (н)	[da'sledavanne]
laboratório (m)	лабараторыя (ж)	[labara'tɔriʲa]

palestra (f)	лекцыя (ж)	['lektsiʲa]
colega (m) de curso	аднакурснік (м)	[adna'kursnik]

bolsa (f) de estudos	стыпендыя (ж)	[sti'pendiʲa]
grau (m) acadêmico	навуковая ступень (ж)	[navu'kɔvaʲa stu'penʲ]

96.   Ciências. Disciplinas

matemática (f)	матэматыка (ж)	[matɛ'matika]
álgebra (f)	алгебра (ж)	['alɦebra]
geometria (f)	геаметрыя (ж)	[ɦea'metriʲa]
astronomia (f)	астраномія (ж)	[astra'nomiʲa]
biologia (f)	біялогія (ж)	[biʲa'loɦiʲa]
geografia (f)	геаграфія (ж)	[ɦea'ɦrafiʲa]
geologia (f)	геалогія (ж)	[ɦea'loɦiʲa]
história (f)	гісторыя (ж)	[his'toriʲa]
medicina (f)	медыцына (ж)	[medi'tsina]
pedagogia (f)	педагогіка (ж)	[peda'ɦoɦika]
direito (m)	права (н)	['prava]
física (f)	фізіка (ж)	['fizika]
química (f)	хімія (ж)	['himiʲa]
filosofia (f)	філасофія (ж)	[fila'sofiʲa]
psicologia (f)	псіхалогія (ж)	[psiha'loɦiʲa]

97.   Sistema de escrita. Ortografia

gramática (f)	граматыка (ж)	[ɦra'matika]
vocabulário (m)	лексіка (ж)	['leksika]
fonética (f)	фанетыка (ж)	[fa'netika]
substantivo (m)	назоўнік (м)	[na'zownik]
adjetivo (m)	прыметнік (м)	[pri'metnik]
verbo (m)	дзеяслоў (м)	[dzeʲa'slow]
advérbio (m)	прыслоўе (н)	[pri'slowe]
pronome (m)	займеннік (м)	[zaj'mennik]
interjeição (f)	выклічнік (м)	[vik'litʃnik]
preposição (f)	прыназоўнік (м)	[prina'zownik]
raiz (f)	корань (м) слова	['koranʲ 'slova]
terminação (f)	канчатак (м)	[kan'tʃatak]
prefixo (m)	прыстаўка (ж)	[pri'stawka]
sílaba (f)	склад (м)	['sklat]
sufixo (m)	суфікс (м)	['sufiks]
acento (m)	націск (м)	['natsisk]
apóstrofo (f)	апостраф (м)	[a'postraf]
ponto (m)	кропка (ж)	['kropka]
vírgula (f)	коска (ж)	['koska]
ponto e vírgula (m)	кропка (ж) з коскай	['kropka s 'koskaj]
dois pontos (m pl)	двукроп'е (н)	[dvu'kropʲe]
reticências (f pl)	шматкроп'е (н)	[ʃmat'kropʲe]
ponto (m) de interrogação	пытальнік (м)	[pi'talʲnik]
ponto (m) de exclamação	клічнік (м)	['klitʃnik]

aspas (f pl)	двукоссе (н)	[dvu'kɔsse]
entre aspas	у двукоссі	[u dvu'kɔssi]
parênteses (m pl)	дужкі (ж мн)	['duʃki]
entre parênteses	у дужках	[u 'duʃkah]
hífen (m)	дэфіс (м)	[dɛ'fis]
travessão (m)	працяжнік (м)	[pra'tsʲaʒnik]
espaço (m)	прабел (м)	[pra'bel]
letra (f)	літара (ж)	['litara]
letra (f) maiúscula	вялікая літара (ж)	[vʲa'likaʲa 'litara]
vogal (f)	галосны гук (м)	[ɦa'lɔsnɪ 'ɦuk]
consoante (f)	зычны гук (м)	[zitʃnɪ 'ɦuk]
frase (f)	сказ (м)	['skas]
sujeito (m)	дзейнік (м)	['dzejnik]
predicado (m)	выказнік (м)	[vɪ'kazʲnik]
linha (f)	радок (м)	[ra'dɔk]
em uma nova linha	з новага радка	[z 'nɔvaɦa rat'ka]
parágrafo (m)	абзац (м)	[ab'zats]
palavra (f)	слова (н)	['slɔva]
grupo (m) de palavras	словазлучэнне (н)	[slɔvazlu'tʃɛnne]
expressão (f)	выраз (м)	['viras]
sinônimo (m)	сінонім (м)	[si'nɔnim]
antônimo (m)	антонім (м)	[an'tɔnim]
regra (f)	правіла (н)	['pravila]
exceção (f)	выключэнне (н)	[viklu'tʃɛnne]
correto (adj)	правільны	['pravilʲnɪ]
conjugação (f)	спражэнне (н)	[spra'ʒɛnne]
declinação (f)	скланенне (н)	[skla'nenne]
caso (m)	склон (м)	['sklɔn]
pergunta (f)	пытанне (н)	[pɪ'tanne]
sublinhar (vt)	падкрэсліць	[pat'krɛslitsʲ]
linha (f) pontilhada	пункцір (м)	[punk'tsir]

98. Línguas estrangeiras

língua (f)	мова (ж)	['mɔva]
estrangeiro (adj)	замежны	[za'meʒnɪ]
língua (f) estrangeira	замежная мова (ж)	[za'meʒnaʲa 'mɔva]
estudar (vt)	вывучаць	[vivu'tʃatsʲ]
aprender (vt)	вучыць	[vu'tʃɪtsʲ]
ler (vt)	чытаць	[tʃɪ'tatsʲ]
falar (vi)	гаварыць	[ɦava'rɪtsʲ]
entender (vt)	разумець	[razu'metsʲ]
escrever (vt)	пісаць	[pi'satsʲ]
rapidamente	хутка	['hutka]
devagar, lentamente	павольна	[pa'vɔlʲna]

fluentemente	лёгка	['lʲofika]
regras (f pl)	правілы (н мн)	['pravili]
gramática (f)	граматыка (ж)	[fira'matika]
vocabulário (m)	лексіка (ж)	['leksika]
fonética (f)	фанетыка (ж)	[fa'netika]
livro (m) didático	падручнік (м)	[pad'rutʃnik]
dicionário (m)	слоўнік (м)	['slɔwnik]
manual (m) autodidático	самавучыцель (м)	[samavu'tʃitselʲ]
guia (m) de conversação	размоўнік (м)	[raz'mɔwnik]
fita (f) cassete	касета (ж)	[ka'seta]
videoteipe (m)	відэакасета (ж)	['vidɛa ka'seta]
CD (m)	кампакт-дыск (м)	[kam'pakt 'disk]
DVD (m)	DVD (м)	[dʑiwi'dʑi]
alfabeto (m)	алфавіт (м)	[alfa'vit]
soletrar (vt)	гаварыць па літарах	[fiava'ritsʲ pa 'litarah]
pronúncia (f)	вымаўленне (н)	[vimaw'lenne]
sotaque (m)	акцэнт (м)	[ak'tsɛnt]
com sotaque	з акцэнтам	[z ak'tsɛntam]
sem sotaque	без акцэнту	[bez ak'tsɛntu]
palavra (f)	слова (н)	['slɔva]
sentido (m)	сэнс (м)	['sɛns]
curso (m)	курсы (м мн)	['kursi]
inscrever-se (vr)	запісацца	[zapi'satsa]
professor (m)	выкладчык (м)	[vik'latʃik]
tradução (processo)	пераклад (м)	[pera'klat]
tradução (texto)	пераклад (м)	[pera'klat]
tradutor (m)	перакладчык (м)	[pera'klatʃik]
intérprete (m)	перакладчык (м)	[pera'klatʃik]
poliglota (m)	паліглот (м)	[pali'filɔt]
memória (f)	памяць (ж)	['pamʲatsʲ]

Descanso. Entretenimento. Viagens

99. Viagens

turismo (m)	турызм (м)	[tu'rizm]
turista (m)	турыст (м)	[tu'rist]
viagem (f)	падарожжа (н)	[pada'rɔʐa]
aventura (f)	прыгода (ж)	[pri'ɦɔda]
percurso (curta viagem)	паездка (ж)	[pa'estka]
férias (f pl)	водпуск (м)	['vɔtpusk]
estar de férias	быць у водпуску	['bitsʲ u 'vɔtpusku]
descanso (m)	адпачынак (м)	[atpa'tʃinak]
trem (m)	цягнік (м)	[tsʲaɦ'nik]
de trem (chegar ~)	цягніком	[tsʲaɦni'kɔm]
avião (m)	самалёт (м)	[sama'lʲot]
de avião	самалётам	[sama'lʲotam]
de carro	на аўтамабілі	[na awtama'bili]
de navio	на караблі	[na karab'li]
bagagem (f)	багаж (м)	[ba'ɦaʃ]
mala (f)	чамадан (м)	[tʃama'dan]
carrinho (m)	каляска (ж) для багажу	[ka'lʲaska dlʲa baɦaʒu]
passaporte (m)	пашпарт (м)	['paʃpart]
visto (m)	віза (ж)	['viza]
passagem (f)	білет (м)	[bi'let]
passagem (f) aérea	авіябілет (м)	[aviʲabi'let]
guia (m) de viagem	даведнік (м)	[da'vednik]
mapa (m)	карта (ж)	['karta]
área (f)	мясцовасць (ж)	[mʲas'tsɔvastsʲ]
lugar (m)	месца (н)	['mesʲtsa]
exotismo (m)	экзотыка (ж)	[ɛg'zɔtika]
exótico (adj)	экзатычны	[ɛgza'titʃni]
surpreendente (adj)	дзівосны	[dʑi'vɔsni]
grupo (m)	група (ж)	['ɦrupa]
excursão (f)	экскурсія (ж)	[ɛks'kursiʲa]
guia (m)	гід, экскурсавод (м)	['ɦit], [ɛkskursa'vɔt]

100. Hotel

hotel (m)	гасцініца (ж)	[ɦas'tsinitsa]
hospedaria (f)	гатэль (м)	[ɦa'tɛl]
motel (m)	матэль (м)	[ma'tɛlʲ]

três estrelas	тры зоркі	[trɨ 'zɔrki]
cinco estrelas	пяць зорак	[pʲatsʲ 'zɔrak]
ficar (vi, vt)	спыніцца	[spɨ'nitsa]

quarto (m)	нумар (м)	['numar]
quarto (m) individual	аднамесны нумар (м)	[adna'mesnɨ 'numar]
quarto (m) duplo	двухмесны нумар (м)	[dvuh'mesnɨ 'numar]
reservar um quarto	браніраваць нумар	[bra'niravatsʲ 'numar]

| meia pensão (f) | паўпансіён (м) | [pawpansi'ʲon] |
| pensão (f) completa | поўны пансіён (м) | ['pɔwnɨ pansi'ʲon] |

com banheira	з ваннай	[z 'vannaj]
com chuveiro	з душам	[z 'duʃam]
televisão (m) por satélite	спадарожнікавае тэлебачанне (н)	[spada'rɔʒnikavae tɕle'batʃanne]
ar (m) condicionado	кандыцыянер (м)	[kandɨtsɨʲa'ner]
toalha (f)	ручнік (м)	[rutʃ'nik]
chave (f)	ключ (м)	['klʉtʃ]

administrador (m)	адміністратар (м)	[admini'stratar]
camareira (f)	пакаёўка (ж)	[paka'ʲowka]
bagageiro (m)	насільшчык (м)	[na'silʲʃɕik]
porteiro (m)	парцье (м)	[par'tsʲe]

restaurante (m)	рэстаран (м)	[rɛsta'ran]
bar (m)	бар (м)	['bar]
café (m) da manhã	сняданак (м)	[snʲa'danak]
jantar (m)	вячэра (ж)	[vʲa'tʃɛra]
bufê (m)	шведскі стол (м)	['ʃvetski 'stɔl]

| saguão (m) | вестыбюль (м) | [vesti'bʉlʲ] |
| elevador (m) | ліфт (м) | ['lift] |

| NÃO PERTURBE | НЕ ТУРБАВАЦЬ | [ne turba'vatsʲ] |
| PROIBIDO FUMAR! | НЕ КУРЫЦЬ! | [ne ku'ritsʲ] |

EQUIPAMENTO TÉCNICO. TRANSPORTES

Equipamento técnico. Transportes

101. Computador

computador (m)	камп'ютэр (м)	[kamp"ʉtɛr]
computador (m) portátil	ноўтбук (м)	['nɔwdbuk]
ligar (vt)	уключыць	[uklʉ'ʧitsʲ]
desligar (vt)	выключыць	['vɨklʉʧitsʲ]
teclado (m)	клавіятура (ж)	[klaviʲa'tura]
tecla (f)	клавіша (ж)	['klaviʃa]
mouse (m)	мыш (ж)	['miʃ]
tapete (m) para mouse	дываонок (м)	[diva'nɔk]
botão (m)	кнопка (ж)	['knɔpka]
cursor (m)	курсор (м)	[kur'sɔr]
monitor (m)	манітор (м)	[mani'tɔr]
tela (f)	экран (м)	[ɛk'ran]
disco (m) rígido	цвёрды дыск (м)	[ʦvʲordi 'disk]
capacidade (f) do disco rígido	аб'ём (м) цвёрдага дыска	[a'bʲʲom 'ʦvʲordaɦa 'diska]
memória (f)	памяць (ж)	['pamʲatsʲ]
memória RAM (f)	аператыўная памяць (ж)	[apera'tiwnaʲa 'pamʲatsʲ]
arquivo (m)	файл (м)	['fajl]
pasta (f)	папка (ж)	['papka]
abrir (vt)	адкрыць	[atk'ritsʲ]
fechar (vt)	закрыць	[za'kritsʲ]
salvar (vt)	захаваць	[zaha'vatsʲ]
deletar (vt)	выдаліць	['vidalitsʲ]
copiar (vt)	скапіраваць	[ska'piravatsʲ]
ordenar (vt)	сартаваць	[sarta'vatsʲ]
copiar (vt)	перапісаць	[perapi'satsʲ]
programa (m)	праграма (ж)	[praɦ'rama]
software (m)	праграмнае забеспячэнне (н)	[praɦ'ramnae zabespʲa'ʧɛnne]
programador (m)	праграміст (м)	[praɦra'mist]
programar (vt)	праграміраваць	[praɦra'miravatsʲ]
hacker (m)	хакер (м)	['haker]
senha (f)	пароль (м)	[pa'rɔlʲ]
vírus (m)	вірус (м)	['virus]
detectar (vt)	знайсці	[znajs'tsi]

byte (m)	байт (м)	['bajt]
megabyte (m)	мегабайт (м)	[meɦa'bajt]
dados (m pl)	даныя (мн)	['daniˈa]
base (f) de dados	база (ж) даных	['baza 'danih]
cabo (m)	кабель (м)	['kabelˈ]
desconectar (vt)	адлучыць	[adlu'tʃitsˈ]
conectar (vt)	далучыць	[dalu'tʃitsˈ]

102. Internet. E-mail

internet (f)	Інтэрнэт (м)	[intɛr'nɛt]
browser (m)	браўзер (м)	['brawzer]
motor (m) de busca	пошукавы рэсурс (м)	[poʃukavɨ rɛ'surs]
provedor (m)	правайдэр (м)	[pra'vajdɛr]
webmaster (m)	вэб-майстар (м)	[wɛp'majstar]
website (m)	вэб-сайт (м)	[wɛp'sajt]
web page (f)	вэб-старонка (ж)	['wɛp sta'rɔnka]
endereço (m)	адрас (м)	['adras]
livro (m) de endereços	адрасная кніга (ж)	[adrasnaˈa 'kniɦa]
caixa (f) de correio	паштовая скрынка (ж)	[paʃtɔvaˈa 'skrinka]
correio (m)	пошта (ж)	['pɔʃta]
cheia (caixa de correio)	перапоўненая	[pera'pownenaˈa]
mensagem (f)	паведамленне (н)	[pavedam'lenne]
mensagens (f pl) recebidas	уваходныя паведамленні	[uva'hodniˈa pavedam'lenni]
mensagens (f pl) enviadas	выходныя паведамленні	[vɨ'hodniˈa pavedam'lenni]
remetente (m)	адпраўшчык (м)	[at'prawʃcik]
enviar (vt)	адправіць	[at'pravitsˈ]
envio (m)	адпраўка (ж)	[at'prawka]
destinatário (m)	атрымальнік (м)	[atri'malˈnik]
receber (vt)	атрымаць	[atri'matsˈ]
correspondência (f)	перапіска (ж)	[pera'piska]
corresponder-se (vr)	перапісвацца	[pera'pisvatsa]
arquivo (m)	файл (м)	['fajl]
fazer download, baixar (vt)	спампаваць	[spampa'vatsˈ]
criar (vt)	стварыць	[stva'ritsˈ]
deletar (vt)	выдаліць	['vɨdalitsˈ]
deletado (adj)	выдалены	['vɨdaleni]
conexão (f)	сувязь (ж)	['suvˈasˈ]
velocidade (f)	хуткасць (ж)	['hutkastsˈ]
modem (m)	мадэм (м)	[ma'dɛm]
acesso (m)	доступ (м)	['dɔstup]
porta (f)	порт (м)	['pɔrt]
conexão (f)	падключэнне (н)	[patklʉ'tʃɛnne]
conectar (vi)	падключыцца да ...	[patklʉ'tʃitsa da ...]

escolher (vt)	выбраць	['vɨbratsʲ]
buscar (vt)	шукаць	[ʃu'katsʲ]

103. Eletricidade

eletricidade (f)	электрычнасць (ж)	[ɛlekt'ritʃnastsʲ]
elétrico (adj)	электрычны	[ɛlekt'ritʃnɨ]
planta (f) elétrica	электрастанцыя (ж)	[ɛ'lektra 'stantsɨʲa]
energia (f)	энергія (ж)	[ɛ'nerɦiʲa]
energia (f) elétrica	электраэнергія (ж)	[ɛ'lektra ɛ'nerɦiʲa]
lâmpada (f)	лямпачка (ж)	['lʲampatʃka]
lanterna (f)	ліхтар (м)	[lih'tar]
poste (m) de iluminação	ліхтар (м)	[lih'tar]
luz (f)	святло (н)	[svʲat'lɔ]
ligar (vt)	уключаць	[uklʉ'tʃatsʲ]
desligar (vt)	выключаць	[vɨklʉ'tʃatsʲ]
apagar a luz	пагасіць святло	[paɦa'sitsʲ svʲat'lɔ]
queimar (vi)	перагарэць	[peraɦa'rɛtsʲ]
curto-circuito (m)	кароткае замыканне (н)	[ka'rotkae zamɨ'kanne]
ruptura (f)	абрыў (м)	[ab'riw]
contato (m)	кантакт (м)	[kan'takt]
interruptor (m)	выключальнік (м)	[vɨklʉ'tʃalʲnik]
tomada (de parede)	разетка (ж)	[ra'zetka]
plugue (m)	вілка (ж)	['vilka]
extensão (f)	падаўжальнік (м)	[padaw'ʒalʲnik]
fusível (m)	засцерагальнік (м)	[zasʲtsera'ɦalʲnik]
fio, cabo (m)	провад (м)	['prɔvat]
instalação (f) elétrica	праводка (ж)	[pra'vɔtka]
ampère (m)	ампер (м)	[am'per]
amperagem (f)	сіла (ж) току	[sila 'tɔku]
volt (m)	вольт (м)	['vɔlʲt]
voltagem (f)	напружанне (н)	[na'pruʒanne]
aparelho (m) elétrico	электрапрыбор (м)	[ɛ'lektra pri'bɔr]
indicador (m)	індыкатар (м)	[indi'katar]
eletricista (m)	электрык (м)	[ɛ'lektrik]
soldar (vt)	паяць	[pa'ʲatsʲ]
soldador (m)	паяльнік (м)	[pa'ʲalʲnik]
corrente (f) elétrica	ток (м)	['tɔk]

104. Ferramentas

ferramenta (f)	інструмент (м)	[instru'ment]
ferramentas (f pl)	інструменты (м мн)	[instru'mentɨ]
equipamento (m)	абсталяванне (н)	[apstalʲa'vanne]

martelo (m)	малаток (м)	[mala'tɔk]
chave (f) de fenda	адвёртка (ж)	[at'vʲortka]
machado (m)	сякера (ж)	[sʲa'kera]

serra (f)	піла (ж)	[pi'la]
serrar (vt)	пілаваць	[pila'vatsʲ]
plaina (f)	гэбель (м)	['ɦɛbelʲ]
aplainar (vt)	габляваць	[ɦablʲa'vatsʲ]
soldador (m)	паяльнік (м)	[pa'ʲalʲnik]
soldar (vt)	паяць	[pa'ʲatsʲ]

lima (f)	напільнік (м)	[na'pilʲnik]
tenaz (f)	абцугі (мн)	[aptsu'ɦi]
alicate (m)	пласкагубцы (мн)	[plaska'ɦuptsi]
formão (m)	стамеска (ж)	[sta'meska]

broca (f)	свердзел (м)	['sverdzel]
furadeira (f) elétrica	дрыль (м)	['drilʲ]
furar (vt)	свідраваць	[svidra'vatsʲ]

| faca (f) | нож (м) | ['nɔʃ] |
| lâmina (f) | лязо (н) | [lʲa'zɔ] |

afiado (adj)	востры	['vɔstri]
cego (adj)	тупы	[tu'pi]
embotar-se (vr)	затупіцца	[zatu'pitsa]
afiar, amolar (vt)	вастрыць	[vast'ritsʲ]

parafuso (m)	болт (м)	['bɔlt]
porca (f)	гайка (ж)	['ɦajka]
rosca (f)	разьба (ж)	[razʲ'ba]
parafuso (para madeira)	шруба (ж)	['ʃruba]

| prego (m) | цвік (м) | ['tsʲvik] |
| cabeça (f) do prego | плешка (ж) | ['pleʃka] |

régua (f)	лінейка (ж)	[li'nejka]
fita (f) métrica	рулетка (ж)	[ru'letka]
nível (m)	ватэрпас (м)	[vatɛr'pas]
lupa (f)	лупа (ж)	['lupa]

medidor (m)	вымяральны прыбор (м)	[vimʲa'ralʲni pri'bɔr]
medir (vt)	вымяраць	[vimʲa'ratsʲ]
escala (f)	шкала (ж)	[ʃka'la]
indicação (f), registro (m)	паказанне (н)	[paka'zanne]

| compressor (m) | кампрэсар (м) | [kam'prɛsar] |
| microscópio (m) | мікраскоп (м) | [mikra'skɔp] |

bomba (f)	помпа (ж)	['pɔmpa]
robô (m)	робат (м)	['rɔbat]
laser (m)	лазер (м)	['lazer]

chave (f) de boca	гаечны ключ (м)	['ɦaetʃni 'klutʃ]
fita (f) adesiva	стужка-скотч (ж)	[stuʃka 'skɔtʃ]
cola (f)	клей (м)	['klej]

lixa (f)	наждачная папера (ж)	[naʒ'datʃnaʲa pa'pera]
mola (f)	спружына (ж)	[spru'ʒina]
ímã (m)	магніт (м)	[maɦ'nit]
luva (f)	пальчаткі (ж мн)	[palʲ'tʃatki]

corda (f)	вяроўка (ж)	[vʲa'rɔwka]
cabo (~ de nylon, etc.)	шнур (м)	['ʃnur]
fio (m)	провад (м)	['prɔvat]
cabo (~ elétrico)	кабель (м)	['kabelʲ]

marreta (f)	кувалда (ж)	[ku'valda]
pé de cabra (m)	лом (м)	['lɔm]
escada (f) de mão	лескі (мн)	['leski]
escada (m)	драбіны (ж мн)	[dra'bini]

enroscar (vt)	закручваць	[za'krutʃvatsʲ]
desenroscar (vt)	адкручваць	[at'krutʃvatsʲ]
apertar (vt)	заціскаць	[zatsis'katsʲ]
colar (vt)	прыклейваць	[prik'lejvatsʲ]
cortar (vt)	рэзаць	['rɛzatsʲ]

falha (f)	няспраўнасць (ж)	[nʲas'prawnastsʲ]
conserto (m)	папраўка (ж)	[pa'prawka]
consertar, reparar (vt)	рамантаваць	[ramanta'vatsʲ]
regular, ajustar (vt)	рэгуляваць	[rɛɦulʲa'vatsʲ]

verificar (vt)	правяраць	[pravʲa'ratsʲ]
verificação (f)	праверка (ж)	[pra'verka]
indicação (f), registro (m)	паказанне (н)	[paka'zanne]

seguro (adj)	надзейны	[na'dzejni]
complicado (adj)	складаны	[skla'dani]

enferrujar (vi)	іржавець	[irʒa'vetsʲ]
enferrujado (adj)	іржавы	[ir'ʒavi]
ferrugem (f)	іржа (ж)	[ir'ʒa]

Transportes

105. Avião

avião (m)	самалёт (м)	[sama'lʲot]
passagem (f) aérea	авіябілет (м)	[aviʲabi'let]
companhia (f) aérea	авіякампанія (ж)	[aviʲakam'paniʲa]
aeroporto (m)	аэрапорт (м)	[aɛra'pɔrt]
supersônico (adj)	звышгукавы	[zvɨʒɦuka'vɨ]
comandante (m) do avião	камандзір (м) карабля	[kaman'dzir karab'lʲa]
tripulação (f)	экіпаж (м)	[ɛki'paʃ]
piloto (m)	пілот (м)	[pi'lɔt]
aeromoça (f)	сцюардэса (ж)	[sʲtsʉar'dɛsa]
copiloto (m)	штурман (м)	['ʃturman]
asas (f pl)	крылы (н мн)	['krɨlɨ]
cauda (f)	хвост (м)	['hvɔst]
cabine (f)	кабіна (ж)	[ka'bina]
motor (m)	рухавік (м)	[ruha'vik]
trem (m) de pouso	шасі (н)	[ʃa'si]
turbina (f)	турбіна (ж)	[tur'bina]
hélice (f)	прапелер (м)	[pra'peler]
caixa-preta (f)	чорная скрынка (ж)	['tʃɔrnaʲa 'skrɨnka]
coluna (f) de controle	штурвал (м)	[ʃtur'val]
combustível (m)	гаручае (н)	[ɦaru'tʃae]
instruções (f pl) de segurança	інструкцыя (ж)	[in'struktsɨʲa]
máscara (f) de oxigênio	кіслародная маска (ж)	[kisla'rɔdnaʲa 'maska]
uniforme (m)	уніформа (ж)	[uni'fɔrma]
colete (m) salva-vidas	выратавальная камізэлька (ж)	[virata'valʲnaʲa kami'zɛlʲka]
paraquedas (m)	парашут (м)	[para'ʃut]
decolagem (f)	узлёт (м)	[uz'lʲot]
descolar (vi)	узлятаць	[uzlʲa'tatsʲ]
pista (f) de decolagem	узлётная паласа (ж)	[uz'lʲotnaʲa pala'sa]
visibilidade (f)	бачнасць (ж)	['batʃnastsʲ]
voo (m)	палёт (м)	[pa'lʲot]
altura (f)	вышыня (ж)	[vɨʃɨ'nʲa]
poço (m) de ar	паветраная яма (ж)	[pa'vetranaʲa 'ʲama]
assento (m)	месца (н)	['mesʲtsa]
fone (m) de ouvido	навушнікі (м мн)	[na'vuʃniki]
mesa (f) retrátil	адкідны столік (м)	[atkid'nɨ 'stɔlik]
janela (f)	ілюмінатар (м)	[ilʉmi'natar]
corredor (m)	праход (м)	[pra'hɔt]

106. Comboio

trem (m)	цягнік (м)	[tsʲaɦ'nik]
trem (m) elétrico	электрацягнік (м)	[ɛ'lektra tsʲaɦ'nik]
trem (m)	хуткі цягнік (м)	[hutki tsʲaɦ'nik]
locomotiva (f) diesel	цеплавоз (м)	[tsepla'vɔs]
locomotiva (f) a vapor	паравоз (м)	[para'vɔs]
vagão (f) de passageiros	вагон (м)	[va'ɦɔn]
vagão-restaurante (m)	вагон-рэстаран (м)	[va'ɦɔn rɛsta'ran]
carris (m pl)	рэйкі (ж мн)	['rɛjki]
estrada (f) de ferro	чыгунка (ж)	[tʃi'ɦunka]
travessa (f)	шпала (ж)	['ʃpala]
plataforma (f)	платформа (ж)	[plat'fɔrma]
linha (f)	пуць (м)	['putsʲ]
semáforo (m)	семафор (м)	[sema'fɔr]
estação (f)	станцыя (ж)	['stantsʲʲa]
maquinista (m)	машыніст (м)	[maʃi'nist]
bagageiro (m)	насільшчык (м)	[na'silʲʃɕik]
hospedeiro, -a (m, f)	праваднік (м)	[pravad'nik]
passageiro (m)	пасажыр (м)	[pasa'ʒir]
revisor (m)	кантралёр (м)	[kantra'lʲor]
corredor (m)	калідор (м)	[kali'dɔr]
freio (m) de emergência	стоп-кран (м)	[stɔp'kran]
compartimento (m)	купэ (н)	[ku'pɛ]
cama (f)	лаўка (ж)	['lawka]
cama (f) de cima	лаўка (ж) верхняя	[lawka 'verhnæʲa]
cama (f) de baixo	лаўка (ж) ніжняя	[lawka 'niʒnæʲa]
roupa (f) de cama	пасцельная бялізна (ж)	[pas'tselʲnaʲa bʲa'lizna]
passagem (f)	білет (м)	[bi'let]
horário (m)	расклад (м)	[ras'klat]
painel (m) de informação	табло (н)	[tab'lɔ]
partir (vt)	адыходзіць	[adi'hɔdzitsʲ]
partida (f)	адпраўленне (н)	[atpraw'lenne]
chegar (vi)	прыбываць	[pribi'vatsʲ]
chegada (f)	прыбыццё (н)	[pribi'tsʲo]
chegar de trem	прыехаць цягніком	[pri'ehatsʲ tsʲaɦni'kɔm]
pegar o trem	сесці на цягнік	['sesʲtsi na tsʲaɦ'nik]
descer de trem	сысці з цягніка	[sis'tsi z tsʲaɦni'ka]
acidente (m) ferroviário	крушэнне (н)	[kru'ʃɛnne]
descarrilar (vi)	сысці з рэек	[sis'tsi z 'rɛek]
locomotiva (f) a vapor	паравоз (м)	[para'vɔs]
foguista (m)	качагар (м)	[katʃa'ɦar]
fornalha (f)	топка (ж)	['tɔpka]
carvão (m)	вугаль (м)	['vuɦalʲ]

107. Barco

Português	Bielorrusso	Pronúncia
navio (m)	карабель (м)	[kara'belʲ]
embarcação (f)	судна (н)	['sudna]
barco (m) a vapor	параход (м)	[para'hɔt]
barco (m) fluvial	цеплаход (м)	[tsepla'hɔt]
transatlântico (m)	лайнер (м)	['lajner]
cruzeiro (m)	крэйсер (м)	['krɛjser]
iate (m)	яхта (ж)	['ʲahta]
rebocador (m)	буксір (м)	[buk'sir]
barcaça (f)	баржа (ж)	['barʒa]
ferry (m)	паром (м)	[pa'rɔm]
veleiro (m)	паруснік (м)	['parusnik]
bergantim (m)	брыганціна (ж)	[briɦan'tsina]
quebra-gelo (m)	ледакол (м)	[leda'kɔl]
submarino (m)	падводная лодка (ж)	[pad'vɔdnaʲa 'lɔtka]
bote, barco (m)	лодка (ж)	['lɔtka]
baleeira (bote salva-vidas)	шлюпка (ж)	['ʃlʉpka]
bote (m) salva-vidas	шлюпка (ж) выратавальная	[ʃlʉpka virata'valʲnaʲa]
lancha (f)	катэр (м)	['katɛr]
capitão (m)	капітан (м)	[kapi'tan]
marinheiro (m)	матрос (м)	[mat'rɔs]
marujo (m)	марак (м)	[ma'rak]
tripulação (f)	экіпаж (м)	[ɛki'paʃ]
contramestre (m)	боцман (м)	['bɔtsman]
grumete (m)	юнга (м)	['ʉnɦa]
cozinheiro (m) de bordo	кок (м)	['kɔk]
médico (m) de bordo	суднавы ўрач (м)	['sudnavɨ 'wratʃ]
convés (m)	палуба (ж)	['paluba]
mastro (m)	мачта (ж)	['matʃta]
vela (f)	парус (м)	['parus]
porão (m)	трум (м)	['trum]
proa (f)	нос (м)	['nɔs]
popa (f)	карма (ж)	[kar'ma]
remo (m)	вясло (н)	[vʲas'lɔ]
hélice (f)	вінт (м)	['vint]
cabine (m)	каюта (ж)	[ka'ʉta]
sala (f) dos oficiais	кают-кампанія (ж)	[ka'ʉt kam'paniʲa]
sala (f) das máquinas	машыннае аддзяленне (н)	[ma'ʃinnae adzʲa'lenne]
ponte (m) de comando	капітанскі мосцік (м)	[kapi'tanski 'mɔsʲtsik]
sala (f) de comunicações	радыёрубка (ж)	[radiʲo'rupka]
onda (f)	хваля (ж)	['hvalʲa]
diário (m) de bordo	суднавы журнал (м)	['sudnavɨ ʒur'nal]
luneta (f)	падзорная труба (ж)	[pa'dzɔrnaʲa tru'ba]

sino (m)	звон (м)	['zvɔn]
bandeira (f)	сцяг (м)	['sts⁼ʲaɦ]
cabo (m)	канат (м)	[ka'nat]
nó (m)	вузел (м)	['vuzel]
corrimão (m)	поручань (м)	['pɔrutʃanʲ]
prancha (f) de embarque	трап (м)	['trap]
âncora (f)	якар (м)	['ʲakar]
recolher a âncora	падняць якар	[pad'nʲatsʲ ʲakar]
jogar a âncora	кінуць якар	['kinutsʲ ʲakar]
amarra (corrente de âncora)	якарны ланцуг (м)	[ʲakarnɨ lan'tsuɦ]
porto (m)	порт (м)	['pɔrt]
cais, amarradouro (m)	прычал (м)	[prɨ'tʃal]
atracar (vi)	прычальваць	[prɨ'tʃalʲvatsʲ]
desatracar (vi)	адчальваць	[a'tʃalʲvatsʲ]
viagem (f)	падарожжа (н)	[pada'rɔʐa]
cruzeiro (m)	круіз (м)	[kru'is]
rumo (m)	курс (м)	['kurs]
itinerário (m)	маршрут (м)	[marʃ'rut]
canal (m) de navegação	фарватэр (м)	[far'vatɛr]
banco (m) de areia	мель (ж)	['melʲ]
encalhar (vt)	сесці на мель	[sesʲtsi na 'melʲ]
tempestade (f)	бура (ж)	['bura]
sinal (m)	сігнал (м)	[siɦ'nal]
afundar-se (vr)	тануць	[ta'nutsʲ]
Homem ao mar!	Чалавек за бортам!	[tʃala'vek za 'bortam!]
SOS	SOS	['sɔs]
boia (f) salva-vidas	выратавальны круг (м)	[vɨrata'valʲnɨ kruɦ]

108. Aeroporto

aeroporto (m)	аэрапорт (м)	[aɛra'port]
avião (m)	самалёт (м)	[sama'lʲot]
companhia (f) aérea	авіякампанія (ж)	[aviʲakam'paniʲa]
controlador (m) de tráfego aéreo	дыспетчар (м)	[dis'petʃar]
partida (f)	вылет (м)	['vɨlet]
chegada (f)	прылёт (м)	[prɨ'lʲot]
chegar (vi)	прыляцець	[prɨlʲa'tsetsʲ]
hora (f) de partida	час (м) вылету	[tʃas 'vɨletu]
hora (f) de chegada	час (м) прылёту	[tʃas prɨ'lʲotu]
estar atrasado	затрымлівацца	[za'trɨmlivatsa]
atraso (m) de voo	затрымка (ж) вылету	[za'trɨmka 'vɨletu]
painel (m) de informação	інфармацыйнае табло (н)	[infarma'tsɨjnae tab'lɔ]
informação (f)	інфармацыя (ж)	[infar'matsɨʲa]

anunciar (vt)	абвяшчаць	[abvˈaˈʃɕatsʲ]
voo (m)	рэйс (м)	[ˈrɛjs]
alfândega (f)	мытня (ж)	[ˈmɨtnʲa]
funcionário (m) da alfândega	мытнік (м)	[ˈmɨtnik]
declaração (f) alfandegária	дэкларацыя (ж)	[dɛklaˈratsʲi̯a]
preencher (vt)	запоўніць	[zaˈpownitsʲ]
preencher a declaração	запоўніць дэкларацыю	[zaˈpownitsʲ dɛklaˈratsɨu]
controle (m) de passaporte	пашпартны кантроль (м)	[ˈpaʃpartnɨ kanˈtrolʲ]
bagagem (f)	багаж (м)	[baˈɦaʃ]
bagagem (f) de mão	ручная паклажа (ж)	[rutʃˈnaʲa pakˈlaʒa]
carrinho (m)	каляска (ж) для багажу	[kaˈlʲaska dlʲa baɦaʒu]
pouso (m)	пасадка (ж)	[paˈsatka]
pista (f) de pouso	пасадачная паласа (ж)	[paˈsadatʃnaʲa palaˈsa]
aterrissar (vi)	садзіцца	[saˈdzitsa]
escada (f) de avião	трап (м)	[ˈtrap]
check-in (m)	рэгістрацыя (ж)	[rɛɦiˈstratsʲi̯a]
balcão (m) do check-in	стойка (ж) рэгістрацыі	[stɔjka rɛɦistˈratsii]
fazer o check-in	зарэгістравацца	[zarɛɦistraˈvatsa]
cartão (m) de embarque	пасадачны талон (м)	[paˈsadatʃnɨ taˈlɔn]
portão (m) de embarque	выхад (м)	[ˈvihat]
trânsito (m)	транзіт (м)	[tranˈzit]
esperar (vi, vt)	чакаць	[tʃaˈkatsʲ]
sala (f) de espera	зала (ж) чакання	[ˈzala tʃaˈkannʲa]
despedir-se (acompanhar)	праводзіць	[praˈvɔdzitsʲ]
despedir-se (dizer adeus)	развітвацца	[razˈvitvatsa]

Eventos

109. Férias. Evento

festa (f)	свята (н)	['svʲata]
feriado (m) nacional	нацыянальнае свята (н)	[natsʲiʲaˈnalʲnae ˈsvʲata]
feriado (m)	святочны дзень (м)	[svʲaˈtotʃnі ˈdzenʲ]
festejar (vt)	святкаваць	[svʲatkaˈvatsʲ]

evento (festa, etc.)	падзея (ж)	[paˈdzeʲa]
evento (banquete, etc.)	мерапрыемства (н)	[merapriˈemstva]
banquete (m)	банкет (м)	[banˈket]
recepção (f)	прыём (м)	[ˈpriʲom]
festim (m)	бяседа (ж)	[bʲaˈseda]

aniversário (m)	гадавіна (ж)	[ɦadaˈvina]
jubileu (m)	юбілей (м)	[ʉbіˈlej]
celebrar (vt)	адзначыць	[adzˈnatʃitsʲ]

Ano (m) Novo	Новы год (м)	[ˈnovі ˈɦot]
Feliz Ano Novo!	З Новым годам!	[z ˈnovіm ˈɦodam]
Papai Noel (m)	Дзед Мароз, Санта Клаўс	[dzʲet maˈroz], [ˈsanta ˈklaws]

Natal (m)	Каляды (ж мн)	[kaˈlʲadі]
Feliz Natal!	Вясёлых Каляд!	[vʲaˈsʲolih kaˈlʲat]
árvore (f) de Natal	Навагодняя ёлка (ж)	[navaˈɦodnæʲa ˈjolka]
fogos (m pl) de artifício	салют (м)	[saˈlʉt]

casamento (m)	вяселле (н)	[vʲaˈselle]
noivo (m)	жаніх (м)	[ʒaˈnih]
noiva (f)	нявеста (ж)	[nʲaˈvesta]

| convidar (vt) | запрашаць | [zapraˈʃatsʲ] |
| convite (m) | запрашэнне (н) | [zapraˈʃɛnne] |

convidado (m)	госць (м)	[ˈɦostsʲ]
visitar (vt)	ісці ў госці	[isˈtsi w ˈɦosʲtsi]
receber os convidados	сустракаць гасцей	[sustraˈkatsʲ ɦasˈtsej]

presente (m)	падарунак (м)	[padaˈrunak]
oferecer, dar (vt)	дарыць	[daˈritsʲ]
receber presentes	атрымоўваць падарункі	[atriˈmowvatsʲ padaˈrunki]
buquê (m) de flores	букет (м)	[buˈket]

| felicitações (f pl) | віншаванне (н) | [vinʃaˈvanne] |
| felicitar (vt) | віншаваць | [vinʃaˈvatsʲ] |

| cartão (m) de parabéns | віншавальная паштоўка (ж) | [winʃaˈvalʲnaʲa paʃˈtowka] |
| enviar um cartão postal | адправіць паштоўку | [atˈpravitsʲ paˈʃtowku] |

receber um cartão postal	атрымаць паштоўку	[atri'matsʲ pa'ʃtɔwku]
brinde (m)	тост (м)	['tɔst]
oferecer (vt)	частаваць	[tʃasta'vatsʲ]
champanhe (m)	шампанскае (н)	[ʃam'panskae]

divertir-se (vr)	весяліцца	[vesʲa'litsa]
diversão (f)	весялосць (ж)	[vesʲa'lɔstsʲ]
alegria (f)	радасць (ж)	['radastsʲ]

| dança (f) | танец (м) | ['tanets] |
| dançar (vi) | танцаваць | [tantsa'vatsʲ] |

| valsa (f) | вальс (м) | ['valʲs] |
| tango (m) | танга (н) | ['tanɦa] |

110. Funerais. Enterro

cemitério (m)	могілкі (мн)	['mɔɦilki]
sepultura (f), túmulo (m)	магіла (ж)	[ma'ɦila]
cruz (f)	крыж (м)	['kriʃ]
lápide (f)	надмагільны помнік (м)	[nadma'ɦilʲni 'pɔmnik]
cerca (f)	агароджа (ж)	[aɦa'rɔdʒa]
capela (f)	капліца (ж)	[kap'litsa]

morte (f)	смерць (ж)	['smertsʲ]
morrer (vi)	памерці	[pa'mertsi]
defunto (m)	нябожчык (м)	[nʲa'bɔʃɕik]
luto (m)	жалоба (ж)	[ʒa'lɔba]

enterrar, sepultar (vt)	хаваць	[ha'vatsʲ]
funerária (f)	пахавальнае бюро (н)	[paha'valʲnae bʉ'rɔ]
funeral (m)	пахаванне (н)	[paha'vanne]

coroa (f) de flores	вянок (м)	[vʲa'nɔk]
caixão (m)	труна (ж)	[tru'na]
carro (m) funerário	катафалк (м)	[kata'falk]
mortalha (f)	саван (м)	['savan]

procissão (f) funerária	жалобная працэсія	[ʒa'lɔbnaʲa pra'tsɛsiʲa]
urna (f) funerária	урна (ж)	['urna]
crematório (m)	крэматорый (м)	[krɛma'tɔrij]

obituário (m), necrologia (f)	некралог (м)	[nekra'lɔɦ]
chorar (vi)	плакаць	['plakatsʲ]
soluçar (vi)	рыдаць	[ri'datsʲ]

111. Guerra. Soldados

pelotão (m)	узвод (м)	[uz'vɔt]
companhia (f)	рота (ж)	['rɔta]
regimento (m)	полк (м)	['pɔlk]
exército (m)	армія (ж)	['armiʲa]

divisão (f)	дывізія (ж)	[di'vizi⅃a]
esquadrão (m)	атрад (м)	[at'rat]
hoste (f)	войска (н)	['vɔjska]
soldado (m)	салдат (м)	[saɫ'dat]
oficial (m)	афіцэр (м)	[afi'tsɛr]
soldado (m) raso	радавы (м)	[rada'vi]
sargento (m)	сяржант (м)	[sʲar'ʒant]
tenente (m)	лейтэнант (м)	[lejtɛ'nant]
capitão (m)	капітан (м)	[kapi'tan]
major (m)	маёр (м)	[ma'ʲor]
coronel (m)	палкоўнік (м)	[paɫ'kɔwnik]
general (m)	генерал (м)	[ɦene'raɫ]
marujo (m)	марак (м)	[ma'rak]
capitão (m)	капітан (м)	[kapi'tan]
contramestre (m)	боцман (м)	['bɔtsman]
artilheiro (m)	артылерыст (м)	[artile'rist]
soldado (m) paraquedista	дэсантнік (м)	[dɛ'santnik]
piloto (m)	лётчык (м)	['lʲotʃik]
navegador (m)	штурман (м)	['ʃturman]
mecânico (m)	механік (м)	[me'hanik]
sapador-mineiro (m)	сапёр (м)	[sa'pʲor]
paraquedista (m)	парашутыст (м)	[paraʃu'tist]
explorador (m)	разведчык (м)	[raz'vetʃik]
atirador (m) de tocaia	снайпер (м)	['snajper]
patrulha (f)	патруль (м)	[pat'rulʲ]
patrulhar (vt)	патруляваць	[patruⅼʲa'vatsʲ]
sentinela (f)	вартавы (м)	[varta'vi]
guerreiro (m)	воін (м)	['vɔin]
patriota (m)	патрыёт (м)	['patrиⅼot]
herói (m)	герой (м)	[ɦe'rɔj]
heroína (f)	гераіня (ж)	[ɦera'inʲa]
traidor (m)	здраднік (м)	['zdradnik]
trair (vt)	здрадзіць	['zdradzitsʲ]
desertor (m)	дэзерцір (м)	[dɛzer'tsir]
desertar (vt)	дэзерціраваць	[dɛzer'tsiravatsʲ]
mercenário (m)	найміт (м)	['najmit]
recruta (m)	навабранец (м)	[nava'branets]
voluntário (m)	добраахвотнік (м)	[dɔbraah'vɔtnik]
morto (m)	забіты (м)	[za'biti]
ferido (m)	паранены (м)	[pa'raneni]
prisioneiro (m) de guerra	палонны (м)	[pa'lɔnni]

112. Guerra. Ações militares. Parte 1

guerra (f)	вайна (ж)	[vaj'na]
guerrear (vt)	ваяваць	[vaⅼa'vatsʲ]

guerra (f) civil	грамадзянская вайна (ж)	[ɦrama'dzʲanskaʲa vaj'na]
perfidamente	вераломна	[vera'lɔmna]
declaração (f) de guerra	абвяшчэнне (н)	[abvʲa'ʃɕɛnne]
declarar guerra	абвясціць	[abvʲas'tsitsʲ]
agressão (f)	агрэсія (ж)	[aɦ'rɛsiʲa]
atacar (vt)	нападаць	[napa'datsʲ]
invadir (vt)	захопліваць	[za'ɦɔplivatsʲ]
invasor (m)	захопнік (м)	[za'ɦɔpnik]
conquistador (m)	заваёўнік (м)	[zava'ʲownik]
defesa (f)	абарона (ж)	[aba'rɔna]
defender (vt)	абараняць	[abara'nʲatsʲ]
defender-se (vr)	абараняцца	[abara'nʲatsa]
inimigo (m)	вораг (м)	['vɔraɦ]
adversário (m)	супраціўнік (м)	[supra'tsiwnik]
inimigo (adj)	варожы	[va'rɔʒi]
estratégia (f)	стратэгія (ж)	[stra'tɛɦiʲa]
tática (f)	тактыка (ж)	['taktika]
ordem (f)	загад (м)	[za'ɦat]
comando (m)	каманда (ж)	[ka'manda]
ordenar (vt)	загадваць	[za'ɦadvatsʲ]
missão (f)	заданне (н)	[za'danne]
secreto (adj)	сакрэтны	[sak'rɛtnɨ]
batalha (f)	бітва (ж)	['bitva]
combate (m)	бой (м)	['bɔj]
ataque (m)	атака (ж)	[a'taka]
assalto (m)	штурм (м)	['ʃturm]
assaltar (vt)	штурмаваць	[ʃturma'vatsʲ]
assédio, sítio (m)	аблога (ж)	[ab'lɔɦa]
ofensiva (f)	наступ (м)	['nastup]
tomar à ofensiva	наступаць	[nastu'patsʲ]
retirada (f)	адступленне (н)	[atstup'lenne]
retirar-se (vr)	адступаць	[atstu'patsʲ]
cerco (m)	акружэнне (н)	[akru'ʒɛnne]
cercar (vt)	акружаць	[akru'ʒatsʲ]
bombardeio (m)	бамбёжка (ж)	[bam'bʲoʃka]
lançar uma bomba	скінуць бомбу	['skinutsʲ 'bɔmbu]
bombardear (vt)	бамбіць	[bam'bitsʲ]
explosão (f)	выбух (м)	['vɨbuh]
tiro (m)	стрэл (м)	['strɛl]
dar um tiro	стрэліць	['strɛlitsʲ]
tiroteio (m)	стральба (ж)	[stralʲ'ba]
apontar para …	цэліцца	['tsɛlitsa]
apontar (vt)	навесці	[na'vesʲtsi]

acertar (vt)	трапіць	['trapitsʲ]
afundar (~ um navio, etc.)	патапіць	[pata'pitsʲ]
brecha (f)	прабоіна (ж)	[pra'boina]
afundar-se (vr)	ісці на дно	[is'tsi na 'dnɔ]
frente (m)	фронт (м)	['frɔnt]
evacuação (f)	эвакуацыя (ж)	[ɛvaku'atsʲʲa]
evacuar (vt)	эвакуіраваць	[ɛvaku'iravatsʲ]
trincheira (f)	акоп (м), траншэя (ж)	[a'kɔp], [tran'ʃɛʲa]
arame (m) enfarpado	калючы дрот (м)	[ka'lʉtʃɨ 'drɔt]
barreira (f) anti-tanque	загарода (ж)	[zaɦa'rɔda]
torre (f) de vigia	вышка (ж)	['viʃka]
hospital (m) militar	шпіталь (м)	[ʃpi'talʲ]
ferir (vt)	раніць	['ranitsʲ]
ferida (f)	рана (ж)	['rana]
ferido (m)	паранены (м)	[pa'ranenɨ]
ficar ferido	атрымаць раненне	[atri'matsʲ ra'nenne]
grave (ferida ~)	цяжкі	['tsʲaʃki]

113. Guerra. Ações militares. Parte 2

cativeiro (m)	палон (м)	[pa'lɔn]
capturar (vt)	узяць у палон	[u'zʲatsʲ u pa'lɔn]
estar em cativeiro	быць у палоне	['bɨtsʲ u pa'lɔne]
ser aprisionado	трапіць у палон	['trapitsʲ u pa'lɔn]
campo (m) de concentração	канцлагер (м)	[kants'laɦer]
prisioneiro (m) de guerra	палонны (м)	[pa'lɔnnɨ]
escapar (vi)	уцячы	[utsʲa'tʃɨ]
trair (vt)	здрадзіць	['zdradzitsʲ]
traidor (m)	здраднік (м)	['zdradnik]
traição (f)	здрада (ж)	['zdrada]
fuzilar, executar (vt)	расстраляць	[rastra'lʲatsʲ]
fuzilamento (m)	расстрэл (м)	[ras'trɛl]
equipamento (m)	абмундзіраванне (н)	[abmundzira'vanne]
insígnia (f) de ombro	пагон (м)	[pa'ɦɔn]
máscara (f) de gás	процівагаз (м)	[prɔtsiva'ɦas]
rádio (m)	рацыя (ж)	['ratsʲʲa]
cifra (f), código (m)	шыфр (м)	['ʃɨfr]
conspiração (f)	канспірацыя (ж)	[kanspi'ratsʲʲa]
senha (f)	пароль (м)	[pa'rɔlʲ]
mina (f)	міна (ж)	['mina]
minar (vt)	замініраваць	[zami'niravatsʲ]
campo (m) minado	міннае поле (н)	[minnae 'pɔle]
alarme (m) aéreo	паветраная трывога (ж)	[pa'vetranaʲa tri'vɔɦa]
alarme (m)	трывога (ж)	[tri'vɔɦa]

sinal (m)	сігнал (м)	[sih'nal]
sinalizador (m)	сігнальная ракета (ж)	[sih'nalʲnaʲa ra'keta]
quartel-general (m)	штаб (м)	['ʃtap]
reconhecimento (m)	разведка (ж)	[raz'vetka]
situação (f)	становішча (н)	[sta'noviʃca]
relatório (m)	рапарт (м)	['rapart]
emboscada (f)	засада (ж)	[za'sada]
reforço (m)	падмацаванне (н)	[padmatsa'vanne]
alvo (m)	мішэнь (ж)	[mi'ʃɛnʲ]
campo (m) de tiro	палігон (м)	[pali'ɦon]
manobras (f pl)	манеўры (м мн)	[ma'newri]
pânico (m)	паніка (ж)	['panika]
devastação (f)	развал (м)	[raz'val]
ruínas (f pl)	разбурэнні (н мн)	[razbu'rɛnni]
destruir (vt)	разбураць	[razbu'ratsʲ]
sobreviver (vi)	выжыць	['viʒitsʲ]
desarmar (vt)	абяззброіць	[abʲaz'zbroitsʲ]
manusear (vt)	абыходзіцца	[abʲ'hodzitsa]
Sentido!	Смірна!	['smirna]
Descansar!	Вольна!	['vɔlʲna]
façanha (f)	подзвіг (м)	['pɔdzʲviɦ]
juramento (m)	клятва (ж)	['klʲatva]
jurar (vi)	клясціся	['klʲastsisʲa]
condecoração (f)	узнагарода (ж)	[uznaɦa'rɔda]
condecorar (vt)	узнагароджваць	[uznaɦa'rɔdʒvatsʲ]
medalha (f)	медаль (м)	[me'dalʲ]
ordem (f)	ордэн (м)	['ɔrdɛn]
vitória (f)	перамога (ж)	[pera'mɔɦa]
derrota (f)	паражэнне (н)	[para'ʒɛnne]
armistício (m)	перамір'е (н)	[pera'mirʔe]
bandeira (f)	сцяг (м)	['stsʲaɦ]
glória (f)	слава (ж)	['slava]
parada (f)	парад (м)	[pa'rat]
marchar (vi)	маршыраваць	[marʃira'vatsʲ]

114. Armas

arma (f)	зброя (ж)	['zbrɔʲa]
arma (f) de fogo	агнястрэльная зброя (ж)	[aɦnʲa'strɛlʲnaʲa 'zbrɔʲa]
arma (f) branca	халодная зброя (ж)	[ha'lɔdnaʲa 'zbrɔʲa]
arma (f) química	хімічная зброя (ж)	[hi'miʧnaʲa 'zbrɔʲa]
nuclear (adj)	ядзерны	['ʲadzerni]
arma (f) nuclear	ядзерная зброя (ж)	['ʲadzernaʲa 'zbrɔʲa]
bomba (f)	бомба (ж)	['bɔmba]

bomba (f) atômica	атамная бомба (ж)	[atamnaa 'bɔmba]

bomba (f) atômica — атамная бомба (ж) — [atamnaʲa 'bɔmba]
pistola (f) — пісталет (м) — [pista'let]
rifle (m) — стрэльба (ж) — ['strɛlʲba]
semi-automática (f) — аўтамат (м) — [awta'mat]
metralhadora (f) — кулямёт (м) — [kulʲa'mʲot]

boca (f) — руля (ж) — ['rulʲa]
cano (m) — ствол (м) — ['stvɔl]
calibre (m) — калібр (м) — [ka'libr]

gatilho (m) — курок (м) — [ku'rɔk]
mira (f) — прыцэл (м) — [pri'tsɛl]
carregador (m) — магазін (м) — [maɦa'zin]
coronha (f) — прыклад (м) — [prik'lat]

granada (f) de mão — граната (ж) — [ɦra'nata]
explosivo (m) — узрыўчатка (ж) — [uzriw'tʃatka]

bala (f) — куля (ж) — ['kulʲa]
cartucho (m) — патрон (м) — [pat'rɔn]
carga (f) — зарад (м) — [za'rat]
munições (f pl) — боепрыпасы (мн) — [bɔepri'pasi]

bombardeiro (m) — бамбардзіроўшчык (м) — [bambardzi'rowʃɕik]
avião (m) de caça — знішчальнік (м) — [zʲni'ʃɕalʲnik]
helicóptero (m) — верталёт (м) — [verta'lʲot]

canhão (m) antiaéreo — зенітка (ж) — [ze'nitka]
tanque (m) — танк (м) — ['tank]
canhão (de um tanque) — пушка (ж) — ['puʃka]

artilharia (f) — артылерыя (ж) — [artiʲlerʲ]a]
canhão (m) — гармата (ж) — [ɦar'mata]
fazer a pontaria — навесці — [na'vesʲtsi]

projétil (m) — снарад (м) — [sna'rat]
granada (f) de morteiro — міна (ж) — ['mina]
morteiro (m) — мінамёт (м) — [mina'mʲot]
estilhaço (m) — асколак (м) — [as'kɔlak]

submarino (m) — падводная лодка (ж) — [pad'vɔdnaʲa 'lɔtka]
torpedo (m) — тарпеда (ж) — [tar'peda]
míssil (m) — ракета (ж) — [ra'keta]

carregar (uma arma) — зараджаць — [zara'dʒatsʲ]
disparar, atirar (vi) — страляць — [stra'lʲatsʲ]
apontar para … — цэліцца — ['tsɛlitsa]
baioneta (f) — штык (м) — ['ʃtik]

espada (f) — шпага (ж) — ['ʃpaɦa]
sabre (m) — шабля (ж) — ['ʃablʲa]
lança (f) — дзіда (ж) — ['dzida]
arco (m) — лук (м) — ['luk]
flecha (f) — страла (ж) — [stra'la]
mosquete (m) — мушкет (м) — [muʃ'ket]
besta (f) — арбалет (м) — [arba'let]

115. Povos da antiguidade

primitivo (adj)	першабытны	[perʃa'bɨtni]
pré-histórico (adj)	дагістарычны	[daɦista'rɨtʃni]
antigo (adj)	старажытны	[stara'ʒɨtni]
Idade (f) da Pedra	Каменны век (м)	[ka'menni 'vek]
Idade (f) do Bronze	Бронзавы век (м)	[brɔnzavɨ 'vek]
Era (f) do Gelo	ледавіковы перыяд (м)	[ledavi'kɔvɨ pe'rɨʲat]
tribo (f)	племя (н)	['plemʲa]
canibal (m)	людаед (м)	[lʉda'et]
caçador (m)	паляўнічы (м)	[palʲaw'nitʃɨ]
caçar (vi)	паляваць	[palʲa'vatsʲ]
mamute (m)	мамант (м)	['mamant]
caverna (f)	пячора (ж)	[pʲa'tʃɔra]
fogo (m)	агонь (м)	[a'ɦɔnʲ]
fogueira (f)	вогнішча (н)	['vɔɦniʃca]
pintura (f) rupestre	наскальны малюнак (м)	[na'skalʲni ma'lʉnak]
ferramenta (f)	прылада (ж) працы	[pri'lada 'pratsɨ]
lança (f)	дзіда (ж)	['dzida]
machado (m) de pedra	каменная сякера (ж)	[ka'mennaʲa sʲa'kera]
guerrear (vt)	ваяваць	[vaʲa'vatsʲ]
domesticar (vt)	прыручаць	[priru'tʃatsʲ]
ídolo (m)	ідал (м)	['idal]
adorar, venerar (vt)	пакланяцца	[pakla'nʲatsa]
superstição (f)	забабоны (мн)	[zaba'bɔni]
ritual (m)	абрад, рытуал (м)	[ab'rat], [ritu'al]
evolução (f)	эвалюцыя (ж)	[ɛva'lʉtsiʲa]
desenvolvimento (m)	развіццё (н)	[razʲvi'tsʲo]
extinção (f)	знікненне (н)	[zʲnik'nenne]
adaptar-se (vr)	прыстасоўвацца	[prista'sɔwvatsa]
arqueologia (f)	археалогія (ж)	[arhea'lɔɦiʲa]
arqueólogo (m)	археолаг (м)	[arhe'ɔlaɦ]
arqueológico (adj)	археалагічны	[arheala'ɦitʃni]
escavação (sítio)	раскопкі (ж мн)	[ras'kɔpki]
escavações (f pl)	раскопкі (ж мн)	[ras'kɔpki]
achado (m)	знаходка (ж)	[zna'hɔtka]
fragmento (m)	фрагмент (м)	[fraɦ'ment]

116. Idade média

povo (m)	народ (м)	[na'rɔt]
povos (m pl)	народы (м мн)	[na'rɔdi]
tribo (f)	племя (н)	['plemʲa]
tribos (f pl)	плямёны (н мн)	[plʲa'mʲoni]
bárbaros (pl)	варвары (м мн)	['varvari]

galeses (pl)	галы (м мн)	['ɦali]
godos (pl)	готы (м мн)	['ɦoti]
eslavos (pl)	славяне (м мн)	[sla'vʲane]
viquingues (pl)	вікінгі (м мн)	['vikinɦi]
romanos (pl)	рымляне (м мн)	['rimlʲane]
romano (adj)	рымскі	['rimski]
bizantinos (pl)	візантыйцы (м мн)	[vizan'tijtsi]
Bizâncio	Візантыя (ж)	[vizan'tiʲa]
bizantino (adj)	візантыйскі	[vizan'tijski]
imperador (m)	імператар (м)	[impe'ratar]
líder (m)	правадыр (м)	[prava'dir]
poderoso (adj)	магутны	[ma'ɦutni]
rei (m)	кароль (м)	[ka'rolʲ]
governante (m)	кіраўнік (м)	[kiraw'nik]
cavaleiro (m)	рыцар (м)	['ritsar]
senhor feudal (m)	феадал (м)	[fea'dal]
feudal (adj)	феадальны	[fea'dalʲni]
vassalo (m)	васал (м)	[va'sal]
duque (m)	герцаг (м)	['ɦertsaɦ]
conde (m)	граф (м)	['ɦraf]
barão (m)	барон (м)	[ba'rɔn]
bispo (m)	епіскап (м)	[e'piskap]
armadura (f)	даспехі (м мн)	[das'pehi]
escudo (m)	шчыт (м)	['ʃɕit]
espada (f)	меч (м)	['meʧ]
viseira (f)	забрала (н)	[za'brala]
cota (f) de malha	кальчуга (ж)	[kalʲ'ʧuɦa]
cruzada (f)	крыжовы паход (м)	[kri'ʒɔvi pa'hɔt]
cruzado (m)	крыжак (м)	[kri'ʒak]
território (m)	тэрыторыя (ж)	[tɛri'tɔriʲa]
atacar (vt)	нападаць	[napa'datsʲ]
conquistar (vt)	заваяваць	[zavaʲa'vatsʲ]
ocupar, invadir (vt)	захапіць	[zaha'pitsʲ]
assédio, sítio (m)	аблога (ж)	[ab'lɔɦa]
sitiado (adj)	абложаны	[ab'lɔʒani]
assediar, sitiar (vt)	абложваць	[ab'lɔʒvatsʲ]
inquisição (f)	інквізіцыя (ж)	[inkvi'zitsiʲa]
inquisidor (m)	інквізітар (м)	[inkvi'zitar]
tortura (f)	катаванне (н)	[kata'vanne]
cruel (adj)	жорсткі	['ʒɔrstki]
herege (m)	ерэтык (м)	[erɛ'tik]
heresia (f)	ерась (ж)	['erasʲ]
navegação (f) marítima	мараплаўства (н)	[mara'plawstva]
pirata (m)	пірат (м)	[pi'rat]
pirataria (f)	пірацтва (н)	[pi'ratstva]

abordagem (f)	абардаж (м)	[abar'daʃ]
presa (f), butim (m)	здабыча (ж)	[zda'biʧa]
tesouros (m pl)	скарбы (м мн)	['skarbi]
descobrimento (m)	адкрыццё (н)	[atkri'ʦʲo]
descobrir (novas terras)	адкрыць	[atk'ritsʲ]
expedição (f)	экспедыцыя (ж)	[ɛkspe'diʦiʲa]
mosqueteiro (m)	мушкецёр (м)	[muʃke'ʦʲor]
cardeal (m)	кардынал (м)	[kardi'nal]
heráldica (f)	геральдыка (ж)	[ɦe'ralʲdika]
heráldico (adj)	геральдычны	[ɦeralʲ'diʧni]

117. Líder. Chefe. Autoridades

rei (m)	кароль (м)	[ka'rɔlʲ]
rainha (f)	каралева (ж)	[kara'leva]
real (adj)	каралеўскі	[kara'lewski]
reino (m)	каралеўства (н)	[kara'lewstva]
príncipe (m)	прынц (м)	['prinʦ]
princesa (f)	прынцэса (ж)	[prin'ʦɛsa]
presidente (m)	прэзідэнт (м)	[prɛzi'dɛnt]
vice-presidente (m)	віцэ-прэзідэнт (м)	['vitsɛ prɛzi'dɛnt]
senador (m)	сенатар (м)	[se'natar]
monarca (m)	манарх (м)	[ma'narh]
governante (m)	кіраўнік (м)	[kiraw'nik]
ditador (m)	дыктатар (м)	[dik'tatar]
tirano (m)	тыран (м)	[ti'ran]
magnata (m)	магнат (м)	[maɦ'nat]
diretor (m)	дырэктар (м)	[di'rɛktar]
chefe (m)	шэф (м)	['ʃɛf]
gerente (m)	загадчык (м)	[za'ɦatʧik]
patrão (m)	бос (м)	['bɔs]
dono (m)	гаспадар (м)	[ɦaspa'dar]
líder (m)	правадыр, лідэр (м)	[prava'dir], ['lidɛr]
chefe (m)	галава (ж)	[ɦala'va]
autoridades (f pl)	улады (ж мн)	[u'ladi]
superiores (m pl)	начальства (н)	[na'ʧalʲstva]
governador (m)	губернатар (м)	[ɦuber'natar]
cônsul (m)	консул (м)	['kɔnsul]
diplomata (m)	дыпламат (м)	[dipla'mat]
Presidente (m) da Câmara	мэр (м)	['mɛr]
xerife (m)	шэрыф (м)	[ʃɛ'rif]
imperador (m)	імператар (м)	[impe'ratar]
czar (m)	цар (м)	['ʦar]
faraó (m)	фараон (м)	[fara'ɔn]
cã, khan (m)	хан (м)	['ɦan]

118. Violação da lei. Criminosos. Parte 1

bandido (m)	бандыт (м)	[ban'dit]
crime (m)	злачынства (н)	[zla'tʃinstva]
criminoso (m)	злачынец (м)	[zla'tʃinets]
ladrão (m)	злодзей (м)	['zlɔdʒej]
roubar (vt)	красці	['krasʲtsi]
furto, roubo (m)	крадзеж (м)	[kra'dʒeʃ]
raptar, sequestrar (vt)	выкрасці	['vikrasʲtsi]
sequestro (m)	выкраданне (н)	[vikra'danne]
sequestrador (m)	выкрадальнік (м)	[vikra'dalʲnik]
resgate (m)	выкуп (м)	['vikup]
pedir resgate	патрабаваць выкуп	[patraba'vatsʲ 'vikup]
roubar (vt)	рабаваць	[raba'vatsʲ]
assalto, roubo (m)	абрабаванне (н)	[abraba'vanne]
assaltante (m)	рабаўнік (м)	[rabaw'nik]
extorquir (vt)	вымагаць	[vima'ɦatsʲ]
extorsionário (m)	вымагальнік (м)	[vima'ɦalʲnik]
extorsão (f)	вымагальніцтва (н)	[vima'ɦalʲnitstva]
matar, assassinar (vt)	забіць	[za'bitsʲ]
homicídio (m)	забойства (н)	[za'bɔjstva]
homicida, assassino (m)	забойца (м)	[za'bɔjtsa]
tiro (m)	стрэл (м)	['strɛl]
dar um tiro	стрэліць	['strɛlitsʲ]
matar a tiro	застрэліць	[za'strɛlitsʲ]
disparar, atirar (vi)	страляць	[stra'lʲatsʲ]
tiroteio (m)	стральба (ж)	[stralʲ'ba]
incidente (m)	здарэнне (н)	[zda'rɛnne]
briga (~ de rua)	бойка (ж)	['bɔjka]
Socorro!	Дапамажыце! Ратуйце!	[dapama'ʒitse!], [ra'tujtse!]
vítima (f)	ахвяра (ж)	[ah'vʲara]
danificar (vt)	пашкодзіць	[paʃ'kɔdzitsʲ]
dano (m)	шкода (ж)	['ʃkɔda]
cadáver (m)	труп (м)	['trup]
grave (adj)	цяжкі	['tsʲaʃki]
atacar (vt)	нападаць	[napa'datsʲ]
bater (espancar)	біць	['bitsʲ]
espancar (vt)	збіць	['zʲbitsʲ]
tirar, roubar (dinheiro)	адабраць	[ada'bratsʲ]
esfaquear (vt)	зарэзаць	[za'rɛzatsʲ]
mutilar (vt)	знявечыць	[znʲa'vetʃitsʲ]
ferir (vt)	раніць	['ranitsʲ]
chantagem (f)	шантаж (м)	[ʃan'taʃ]
chantagear (vt)	шантажыраваць	[ʃanta'ʒiravatsʲ]

chantagista (m)	шантажыст (м)	[ʃanta'ʒist]
extorsão (f)	рэкет (м)	['rɛket]
extorsionário (m)	рэкецір (м)	[rɛke'tsir]
gângster (m)	гангстэр (м)	['ɦanɦstɛr]
máfia (f)	мафія (ж)	['mafiʲa]

punguista (m)	кішэнны зладзюжка (м)	[ki'ʃɛnnɨ zla'dzuʃka]
assaltante, ladrão (m)	узломшчык (м)	[uz'lɔmʃɕik]
contrabando (m)	кантрабанда (ж)	[kantra'banda]
contrabandista (m)	кантрабандыст (м)	[kantraban'dist]

falsificação (f)	падробка (ж)	[pad'rɔpka]
falsificar (vt)	падрабляць	[padrab'lʲatsʲ]
falsificado (adj)	фальшывы	[falʲ'ʃivɨ]

119. Violação da lei. Criminosos. Parte 2

estupro (m)	згвалтаванне (н)	[zɦvalta'vanne]
estuprar (vt)	згвалтаваць	[zɦvalta'vatsʲ]
estuprador (m)	гвалтаўнік (м)	[ɦvaltaw'nik]
maníaco (m)	маньяк (м)	[ma'nʲak]

prostituta (f)	прастытутка (ж)	[prasti'tutka]
prostituição (f)	прастытуцыя (ж)	[prasti'tutsʲʲa]
cafetão (m)	сутэнёр (м)	[sutɛ'nʲor]

| drogado (m) | наркаман (м) | [narka'man] |
| traficante (m) | наркагандляр (м) | [narkaɦand'lʲar] |

explodir (vt)	узарваць	[uzar'vatsʲ]
explosão (f)	выбух (м)	['vibuh]
incendiar (vt)	падпаліць	[patpa'litsʲ]
incendiário (m)	падпальшчык (м)	[pat'palʲʃɕik]

terrorismo (m)	тэрарызм (м)	[tɛra'rizm]
terrorista (m)	тэрарыст (м)	[tɛra'rist]
refém (m)	заложнік (м)	[za'lɔʒnik]

enganar (vt)	падмануць	[padma'nutsʲ]
engano (m)	падман (м)	[pad'man]
vigarista (m)	махляр (м)	[mah'lʲar]

subornar (vt)	падкупіць	[patku'pitsʲ]
suborno (atividade)	подкуп (м)	['pɔtkup]
suborno (dinheiro)	хабар (м)	['ɦabar]

veneno (m)	яд (м)	[ʲat]
envenenar (vt)	атруціць	[atru'tsitsʲ]
envenenar-se (vr)	атруціцца	[atru'tsitsa]

suicídio (m)	самазабойства (н)	[samaza'bɔjstva]
suicida (m)	самазабойца (м)	[samaza'bɔjtsa]
ameaçar (vt)	пагражаць	[paɦra'ʒatsʲ]
ameaça (f)	пагроза (ж)	[pa'ɦrɔza]

| atentar contra a vida de … | замахвацца (ж) | [za'mahvatsa] |
| atentado (m) | замах (м) | [za'mah] |

| roubar (um carro) | скрасці | ['skras⁴tsi] |
| sequestrar (um avião) | выкрасці | ['vᵻkras⁴tsi] |

| vingança (f) | помста (ж) | ['pɔmsta] |
| vingar (vt) | помсціць | ['pɔmsᵻtsitsⁱ] |

torturar (vt)	катаваць	[kata'vatsⁱ]
tortura (f)	катаванне (н)	[kata'vanne]
atormentar (vt)	мучыць	['mutʃitsⁱ]

pirata (m)	пірат (м)	[pi'rat]
desordeiro (m)	хуліган (м)	[huli'ɦan]
armado (adj)	узброены	[uzb'rɔenі]
violência (f)	гвалт (м)	['ɦvalt]
ilegal (adj)	нелегальны	[nele'ɦalnі]

| espionagem (f) | шпіянаж (м) | [ʃpiⁱa'naʃ] |
| espionar (vi) | шпіёніць | ['ʃpiⁱonitsⁱ] |

120. Polícia. Lei. Parte 1

| justiça (sistema de ~) | правасуддзе (н) | [prava'sudze] |
| tribunal (m) | суд (м) | ['sut] |

juiz (m)	суддзя (м)	[su'dzⁱa]
jurados (m pl)	прысяжныя (м мн)	[pri'sⁱaʒnⁱa]
tribunal (m) do júri	суд (м) прысяжных	['sut pri'sⁱaʒnih]
julgar (vt)	судзіць	[su'dzitsⁱ]

advogado (m)	адвакат (м)	[adva'kat]
réu (m)	падсудны (м)	[pa'tsudnі]
banco (m) dos réus	лава (ж) падсудных	['lava pa'tsudnih]

| acusação (f) | абвінавачванне (н) | [abvina'vatʃvanne] |
| acusado (m) | абвінавачваны (м) | [abvina'vatʃvanі] |

| sentença (f) | прысуд (м) | [pri'sut] |
| sentenciar (vt) | прысудзіць | [prisu'dzitsⁱ] |

culpado (m)	віноўнік (м)	[wi'nɔwnik]
punir (vt)	пакараць	[paka'ratsⁱ]
punição (f)	пакаранне (н)	[paka'ranne]

multa (f)	штраф (м)	['ʃtraf]
prisão (f) perpétua	пажыццёвае зняволенне (н)	[paʒi'tsⁱovae znⁱa'volenne]
pena (f) de morte	смяротная кара (ж)	[smⁱa'rɔtnaⁱa 'kara]
cadeira (f) elétrica	электрычнае крэсла (н)	[ɛlekt'ritʃnae 'krɛsla]
forca (f)	шыбеніца (ж)	['ʃibenitsa]
executar (vt)	караць смерцю	[ka'ratsⁱ 'smertsʉ]
execução (f)	смяротная кара (ж)	[smⁱa'rɔtnaⁱa 'kara]

| prisão (f) | турма (ж) | [tur'ma] |
| cela (f) de prisão | камера (ж) | ['kamera] |

escolta (f)	канвой (м)	[kan'vɔj]
guarda (m) prisional	наглядчык (м)	[na'hlʲatʃik]
preso, prisioneiro (m)	зняволены (м)	[znʲa'vɔlenі]

| algemas (f pl) | наручнікі (м мн) | [na'rutʃnikі] |
| algemar (vt) | надзець наручнікі | [na'dzetsʲ na'rutʃnikі] |

fuga, evasão (f)	уцёкі (мн)	[u'tsʲoki]
fugir (vi)	уцячы	[utsʲa'tʃi]
desaparecer (vi)	прапасці	[pra'pasʲtsi]
soltar, libertar (vt)	вызваліць	['vizvalitsʲ]
anistia (f)	амністыя (ж)	[am'nistiʲa]

polícia (instituição)	паліцыя (ж)	[pa'litsʲiʲa]
polícia (m)	паліцэйскі (м)	[pali'tsɛjski]
delegacia (f) de polícia	паліцэйскі ўчастак (м)	[pali'tsɛjski w'tʃastak]
cassetete (m)	гумовая дубінка (ж)	[ɦu'mɔvaʲa du'binka]
megafone (m)	рупар (м)	['rupar]

carro (m) de patrulha	патрульная машына (ж)	[pat'rulʲnaʲa ma'ʃina]
sirene (f)	сірэна (ж)	[si'rɛna]
ligar a sirene	уключыць сірэну	[uklʉ'tʃitsʲ si'rɛnu]
toque (m) da sirene	выццё (н) (сірэны)	[vi'tsʲo si'rɛnі]

cena (f) do crime	месца (н) здарэння	['mesʲtsa zda'rɛnnʲa]
testemunha (f)	сведка (м)	['svetka]
liberdade (f)	воля (ж)	['vɔlʲa]
cúmplice (m)	супольнік (м)	[su'pɔlʲnik]
escapar (vi)	схавацца	[sha'vatsa]
traço (não deixar ~s)	след (м)	['slet]

121. Polícia. Lei. Parte 2

procura (f)	вышук (м)	['viʃuk]
procurar (vt)	шукаць	[ʃu'katsʲ]
suspeita (f)	падазрэнне (н)	[pada'zrɛnne]
suspeito (adj)	падазроны	[pada'zrɔnɨ]
parar (veículo, etc.)	спыніць	[spi'nitsʲ]
deter (fazer parar)	затрымаць	[zatri'matsʲ]

caso (~ criminal)	справа (ж)	['sprava]
investigação (f)	следства (н)	['sletstva]
detetive (m)	сышчык (м)	['siʃɕik]
investigador (m)	следчы (м)	['sletʃi]
versão (f)	версія (ж)	['versiʲa]

motivo (m)	матыў (м)	[ma'tiw]
interrogatório (m)	допыт (м)	['dɔpit]
interrogar (vt)	дапытваць	[da'pitvatsʲ]
questionar (vt)	апытваць	[a'pitvatsʲ]
verificação (f)	праверка (ж)	[pra'verka]

batida (f) policial	аблава (ж)	[ab'lava]
busca (f)	вобыск (м)	['vɔbɨsk]
perseguição (f)	пагоня (ж)	[pa'ɦɔnʲa]
perseguir (vt)	пераследаваць	[peras'ledavatsʲ]
seguir, rastrear (vt)	сачыць	[sa'tʃitsʲ]

prisão (f)	арышт (м)	['ariʃt]
prender (vt)	арыштаваць	[ariʃta'vatsʲ]
pegar, capturar (vt)	злавіць	[zla'vitsʲ]
captura (f)	злаўленне (н)	[zlaw'lenne]

documento (m)	дакумент (м)	[daku'ment]
prova (f)	доказ (м)	['dɔkas]
provar (vt)	даказваць	[da'kazvatsʲ]
pegada (f)	след (м)	['slet]
impressões (f pl) digitais	адбіткі (м мн) пальцаў	[ad'bitki 'palʲtsaw]
prova (f)	даказка (ж)	[da'kaska]

álibi (m)	алібі (н)	['alibi]
inocente (adj)	невінаваты	[nevina'vati]
injustiça (f)	несправядлівасць (ж)	[nespravʲad'livastsʲ]
injusto (adj)	несправядлівы	[nespravʲad'livi]

criminal (adj)	крымінальны	[krimi'nalʲni]
confiscar (vt)	канфіскаваць	[kanfiska'vatsʲ]
droga (f)	наркотык (м)	[nar'kɔtik]
arma (f)	зброя (ж)	['zbrɔʲa]
desarmar (vt)	абяззброіць	[abʲaz'zbroitsʲ]
ordenar (vt)	загадваць	[za'ɦadvatsʲ]
desaparecer (vi)	знікнуць	['zʲniknutsʲ]

lei (f)	закон (м)	[za'kɔn]
legal (adj)	законны	[za'kɔnni]
ilegal (adj)	незаконны	[neza'kɔnni]

responsabilidade (f)	адказнасць (ж)	[at'kaznastsʲ]
responsável (adj)	адказны	[at'kazni]

NATUREZA

A Terra. Parte 1

122. Espaço sideral

espaço, cosmo (m)	космас (м)	['kɔsmas]
espacial, cósmico (adj)	касмічны	[kas'mitʃni]
espaço (m) cósmico	касмічная прастора (ж)	[kas'mitʃnaʲa pras'tɔra]
mundo (m)	свет (м)	['svet]
universo (m)	сусвет (м)	[sus'vet]
galáxia (f)	галактыка (ж)	[ɦa'laktika]
estrela (f)	зорка (ж)	['zɔrka]
constelação (f)	сузор'е (н)	[su'zorʲe]
planeta (m)	планета (ж)	[pla'neta]
satélite (m)	спадарожнік (м)	[spada'rɔʒnik]
meteorito (m)	метэарыт (м)	[metɛa'rit]
cometa (m)	камета (ж)	[ka'meta]
asteroide (m)	астэроід (м)	[astɛ'rɔit]
órbita (f)	арбіта (ж)	[ar'bita]
girar (vi)	круціцца	[kru'tsitsa]
atmosfera (f)	атмасфера (ж)	[atma'sfera]
Sol (m)	Сонца (н)	['sɔntsa]
Sistema (m) Solar	Сонечная сістэма (ж)	['sɔnetʃnaʲa sis'tɛma]
eclipse (m) solar	сонечнае зацьменне (н)	['sɔnetʃnae zatsʲ'menne]
Terra (f)	Зямля (ж)	[zʲam'lʲa]
Lua (f)	Месяц (м)	['mesʲats]
Marte (m)	Марс (м)	['mars]
Vênus (f)	Венера (ж)	[ve'nera]
Júpiter (m)	Юпітэр (м)	[ʉ'pitɛr]
Saturno (m)	Сатурн (м)	[sa'turn]
Mercúrio (m)	Меркурый (м)	[mer'kurij]
Urano (m)	Уран (м)	[u'ran]
Netuno (m)	Нептун (м)	[nep'tun]
Plutão (m)	Плутон (м)	[plu'tɔn]
Via Láctea (f)	Млечны Шлях (м)	['mletʃni ʃlʲah]
Ursa Maior (f)	Вялікая Мядзведзіца (ж)	[vʲa'likaʲa mʲadzj'vedzitsa]
Estrela Polar (f)	Палярная зорка (ж)	[pa'lʲarnaʲa 'zɔrka]
marciano (m)	марсіянін (м)	[marsiʲ'anin]
extraterrestre (m)	іншапланецянін (м)	[inʃaplane'tsʲanin]

| alienígena (m) | прышэлец (м) | [pri'ʃɛlets] |
| disco (m) voador | лятаючая талерка (ж) | [lʲa'tautʃaʲa ta'lerka] |

espaçonave (f)	касмічны карабель (м)	[kas'mitʃnɨ kara'belʲ]
estação (f) orbital	арбітальная станцыя (ж)	[arbi'talʲnaʲa 'stantsɨʲa]
lançamento (m)	старт (м)	['start]

motor (m)	рухавік (м)	[ruha'vik]
bocal (m)	сапло (н)	[sap'lɔ]
combustível (m)	паліва (н)	['paliva]

cabine (f)	кабіна (ж)	[ka'bina]
antena (f)	антэна (ж)	[an'tɛna]
vigia (f)	ілюмінатар (м)	[ilʉmi'natar]
bateria (f) solar	сонечная батарэя (ж)	['sɔnetʃnaʲa bata'rɛʲa]
traje (m) espacial	скафандр (м)	[ska'fandr]

| imponderabilidade (f) | бязважкасць (ж) | [bʲaz'vaʃkastsʲ] |
| oxigênio (m) | кісларод (м) | [kisla'rɔt] |

| acoplagem (f) | стыкоўка (ж) | [stɨ'kɔwka] |
| fazer uma acoplagem | выконваць стыкоўку | [vɨ'kɔnvatsʲ stɨ'kɔwku] |

observatório (m)	абсерваторыя (ж)	[apserva'tɔrɨʲa]
telescópio (m)	тэлескоп (м)	[tɛle'skɔp]
observar (vt)	назіраць	[nazi'ratsʲ]
explorar (vt)	даследаваць	[da'sledavatsʲ]

123. A Terra

Terra (f)	Зямля (ж)	[zʲam'lʲa]
globo terrestre (Terra)	зямны шар (м)	[zʲam'nɨ 'ʃar]
planeta (m)	планета (ж)	[pla'neta]

atmosfera (f)	атмасфера (ж)	[atma'sfera]
geografia (f)	геаграфія (ж)	[ɦea'ɦrafiʲa]
natureza (f)	прырода (ж)	[pri'rɔda]

globo (mapa esférico)	глобус (м)	['ɦlɔbus]
mapa (m)	карта (ж)	['karta]
atlas (m)	атлас (м)	[at'las]

| Europa (f) | Еўропа | [ew'rɔpa] |
| Ásia (f) | Азія | ['aziʲa] |

| África (f) | Афрыка | ['afrɨka] |
| Austrália (f) | Аўстралія | [aw'straliʲa] |

América (f)	Амерыка	[a'merɨka]
América (f) do Norte	Паўночная Амерыка	[paw'nɔtʃnaʲa a'merɨka]
América (f) do Sul	Паўднёвая Амерыка	[paw'dnʲɔvaʲa a'merɨka]

| Antártida (f) | Антарктыда | [antark'tɨda] |
| Ártico (m) | Арктыка | ['arktɨka] |

124. Pontos cardeais

norte (m)	поўнач (ж)	['pɔwnatʃ]
para norte	на поўнач	[na 'pɔwnatʃ]
no norte	на поўначы	[na 'pɔwnatʃɨ]
do norte (adj)	паўночны	[paw'nɔtʃnɨ]
sul (m)	поўдзень (м)	['pɔwdzenʲ]
para sul	на поўдзень	[na 'pɔwdzenʲ]
no sul	на поўдні	[na 'pɔwdni]
do sul (adj)	паўднёвы	[paw'dnʲɔvi]
oeste, ocidente (m)	захад (м)	['zahat]
para oeste	на захад	[na 'zahat]
no oeste	на захадзе	[na 'zahadze]
ocidental (adj)	заходні	[za'hɔdni]
leste, oriente (m)	усход (м)	[w'shɔt]
para leste	на ўсход	[na w'shɔt]
no leste	на ўсходзе	[na w'shɔdze]
oriental (adj)	усходні	[us'hɔdni]

125. Mar. Oceano

mar (m)	мора (н)	['mɔra]
oceano (m)	акіян (м)	[aki'ʲan]
golfo (m)	заліў (м)	[za'liw]
estreito (m)	праліў (м)	[pra'liw]
terra (f) firme	зямля, суша (ж)	[zʲam'lʲa], ['suʃa]
continente (m)	мацярык (м)	[matsʲa'rik]
ilha (f)	востраў (м)	['vɔstraw]
península (f)	паўвостраў (м)	[paw'vɔstraw]
arquipélago (m)	архіпелаг (м)	[arhipe'lafi]
baía (f)	бухта (ж)	['buhta]
porto (m)	гавань (ж)	['fiavanʲ]
lagoa (f)	лагуна (ж)	[la'fiuna]
cabo (m)	мыс (м)	['mis]
atol (m)	атол (м)	[a'tɔl]
recife (m)	рыф (м)	['rif]
coral (m)	карал (м)	[ka'ral]
recife (m) de coral	каралавы рыф (м)	[ka'ralavɨ 'rif]
profundo (adj)	глыбокі	[fili'bɔki]
profundidade (f)	глыбіня (ж)	[fiibi'nʲa]
abismo (m)	бездань (ж)	['bezdanʲ]
fossa (f) oceânica	упадзіна (ж)	[u'padzina]
corrente (f)	плынь (ж)	['plɨnʲ]
banhar (vt)	абмываць	[abmɨ'vatsʲ]
litoral (m)	бераг (м)	['berafi]

costa (f)	узбярэжжа (н)	[uzbʲaˈrɛʐa]
maré (f) alta	прыліў (м)	[priˈliw]
refluxo (m)	адліў (м)	[adˈliw]
restinga (f)	водмель (ж)	[ˈvɔdmelʲ]
fundo (m)	дно (н)	[ˈdnɔ]

onda (f)	хваля (ж)	[ˈhvalʲa]
crista (f) da onda	грэбень (м) хвалі	[ɦrɛbenʲ ˈhvali]
espuma (f)	пена (ж)	[ˈpena]

tempestade (f)	бура (ж)	[ˈbura]
furacão (m)	ураган (м)	[uraˈhan]
tsunami (m)	цунамі (н)	[tsuˈnami]
calmaria (f)	штыль (м)	[ˈʃtilʲ]
calmo (adj)	спакойны	[spaˈkɔjni]

| polo (m) | полюс (м) | [ˈpɔlus] |
| polar (adj) | палярны | [paˈlʲarni] |

latitude (f)	шырата (ж)	[ʃiraˈta]
longitude (f)	даўгата (ж)	[dawɦaˈta]
paralela (f)	паралель (ж)	[paraˈlelʲ]
equador (m)	экватар (м)	[ɛkˈvatar]

céu (m)	неба (н)	[ˈneba]
horizonte (m)	гарызонт (м)	[hariˈzɔnt]
ar (m)	паветра (н)	[paˈvetra]

farol (m)	маяк (м)	[maˈʲak]
mergulhar (vi)	ныраць	[niˈratsʲ]
afundar-se (vr)	затануць	[zataˈnutsʲ]
tesouros (m pl)	скарбы (м мн)	[ˈskarbi]

126. Nomes de Mares e Oceanos

Oceano (m) Atlântico	Атлантычны акіян (м)	[atlanˈtitʃni akiˈʲan]
Oceano (m) Índico	Індыйскі акіян (м)	[inˈdijski akiˈʲan]
Oceano (m) Pacífico	Ціхі акіян (м)	[ˈtsihi akiˈʲan]
Oceano (m) Ártico	Паўночны Ледавіты акіян (м)	[pawˈnɔtʃni ledaˈwiti akiˈʲan]

Mar (m) Negro	Чорнае мора (н)	[ˈtʃɔrnae ˈmɔra]
Mar (m) Vermelho	Чырвонае мора (н)	[tʃirˈvɔnae ˈmɔra]
Mar (m) Amarelo	Жоўтае мора (н)	[ˈʒɔwtae ˈmɔra]
Mar (m) Branco	Белае мора (н)	[ˈbelae ˈmɔra]

Mar (m) Cáspio	Каспійскае мора (н)	[kasˈpijskae ˈmɔra]
Mar (m) Morto	Мёртвае мора (н)	[ˈmʲortvae ˈmɔra]
Mar (m) Mediterrâneo	Міжземнае мора (н)	[miʒˈzemnae ˈmɔra]

Mar (m) Egeu	Эгейскае мора (н)	[ɛˈhejskae ˈmɔra]
Mar (m) Adriático	Адрыятычнае мора (н)	[adriʲaˈtitʃnae ˈmɔra]
Mar (m) Arábico	Аравійскае мора (н)	[araˈvijskae ˈmɔra]
Mar (m) do Japão	Японскае мора (н)	[ʲaˈpɔnskae ˈmɔra]

Mar (m) de Bering	Берынгава мора (н)	['berinɦava 'mɔra]
Mar (m) da China Meridional	Паўднёва-Кітайскае мора (н)	[paw'dnʲova ki'tajskae 'mɔra]
Mar (m) de Coral	Каралавае мора (н)	[ka'ralavae 'mɔra]
Mar (m) de Tasman	Тасманава мора (н)	[tas'manava 'mɔra]
Mar (m) do Caribe	Карыбскае мора (н)	[ka'rɨpskae 'mɔra]
Mar (m) de Barents	Баранцава мора (н)	['barantsava 'mɔra]
Mar (m) de Kara	Карскае мора (н)	['karskae 'mɔra]
Mar (m) do Norte	Паўночнае мора (н)	[paw'nɔtʃnae 'mɔra]
Mar (m) Báltico	Балтыйскае мора (н)	[bal'tijskae 'mɔra]
Mar (m) da Noruega	Нарвежскае мора (н)	[nar'veʃskae 'mɔra]

127. Montanhas

montanha (f)	гара (ж)	[ɦa'ra]
cordilheira (f)	горны ланцуг (м)	['ɦɔrnɨ lan'tsuɦ]
serra (f)	горны хрыбет (м)	['ɦɔrnɨ hrɨ'bet]
cume (m)	вяршыня (ж)	[vʲar'ʃɨnʲa]
pico (m)	пік (м)	['pik]
pé (m)	падножжа (н)	[pad'nɔʒa]
declive (m)	схіл (м)	['shil]
vulcão (m)	вулкан (м)	[vul'kan]
vulcão (m) ativo	дзеючы вулкан (м)	['dzeutʃi vul'kan]
vulcão (m) extinto	патухлы вулкан (м)	[pa'tuhlɨ vul'kan]
erupção (f)	вывяржэнне (н)	[vivʲar'ʒɛnne]
cratera (f)	кратэр (м)	['kratɛr]
magma (m)	магма (ж)	['maɦma]
lava (f)	лава (ж)	['lava]
fundido (lava ~a)	распалены	[ras'paleni]
cânion, desfiladeiro (m)	каньён (м)	[ka'njɔn]
garganta (f)	цясніна (ж)	[tsʲas'nina]
fenda (f)	цясніна (ж)	[tsʲas'nina]
precipício (m)	прорва (ж), абрыў (м)	['prorva], [ab'rɨw]
passo, colo (m)	перавал (м)	[pera'val]
planalto (m)	плато (н)	[pla'tɔ]
falésia (f)	скала (ж)	[ska'la]
colina (f)	узгорак (м)	[uz'ɦorak]
geleira (f)	ледавік (м)	[leda'vik]
cachoeira (f)	вадаспад (м)	[vada'spat]
gêiser (m)	гейзер (м)	['ɦejzer]
lago (m)	возера (н)	['vɔzera]
planície (f)	раўніна (ж)	[raw'nina]
paisagem (f)	краявід (м)	[kraʲa'vit]
eco (m)	рэха (н)	['rɛha]

alpinista (m)	альпініст (м)	[alʲpi'nist]
escalador (m)	скалалаз (м)	[skala'las]
conquistar (vt)	авалодваць	[ava'lɔdvatsʲ]
subida, escalada (f)	узыходжанне (н)	[uzi'hɔdʒanne]

128. Nomes de montanhas

Alpes (m pl)	Альпы (мн)	['alʲpi]
Monte Branco (m)	Манблан (м)	[man'blan]
Pirineus (m pl)	Пірэнеі (мн)	[pirɛ'nei]
Cárpatos (m pl)	Карпаты (мн)	[kar'pati]
Urais (m pl)	Уральскія горы (мн)	[u'ralʲskiʲa 'hɔri]
Cáucaso (m)	Каўказ (м)	[kaw'kas]
Elbrus (m)	Эльбрус (м)	[ɛlʲ'brus]
Altai (m)	Алтай (м)	[al'taj]
Tian Shan (m)	Цянь-Шань (м)	[tsʲanj'ʃanʲ]
Pamir (m)	Памір (м)	[pa'mir]
Himalaia (m)	Гімалаі (мн)	[hima'lai]
monte Everest (m)	Эверэст (м)	[ɛve'rɛst]
Cordilheira (f) dos Andes	Анды (мн)	['andi]
Kilimanjaro (m)	Кіліманджара (н)	[kiliman'dʒara]

129. Rios

rio (m)	рака (ж)	[ra'ka]
fonte, nascente (f)	крыніца (ж)	[kri'nitsa]
leito (m) de rio	рэчышча (н)	['rɛtʃiʃɕa]
bacia (f)	басейн (м)	[ba'sejn]
desaguar no ...	упадаць у ...	[upa'datsʲ u ...]
afluente (m)	прыток (м)	[pri'tɔk]
margem (do rio)	бераг (м)	['berah]
corrente (f)	плынь (ж)	['plinʲ]
rio abaixo	уніз па цячэнню	[u'nis pa tsʲa'tʃɛnnʉ]
rio acima	уверх па цячэнню	[u'vɛrh pa tsʲa'tʃɛnnʉ]
inundação (f)	паводка (ж)	[pa'vɔtka]
cheia (f)	разводдзе (н)	[raz'vɔdze]
transbordar (vi)	разлівацца	[razʲli'vatsa]
inundar (vt)	затапляць	[zata'plʲatsʲ]
banco (m) de areia	мель (ж)	['melʲ]
corredeira (f)	парог (м)	[pa'rɔh]
barragem (f)	плаціна (ж)	[pla'tsina]
canal (m)	канал (м)	[ka'nal]
reservatório (m) de água	вадасховішча (н)	[vadas'hɔviʃɕa]
eclusa (f)	шлюз (м)	['ʃlʉs]

corpo (m) de água	вадаём (м)	[vada'ᶥom]
pântano (m)	балота (н)	[ba'lɔta]
lamaçal (m)	багна (ж)	['baɦna]
redemoinho (m)	вір (м)	['vir]

riacho (m)	ручай (м)	[ru'ʧaj]
potável (adj)	пітны	[pit'nɨ]
doce (água)	прэсны	['prɛsnɨ]

| gelo (m) | лёд (м) | ['lᶥot] |
| congelar-se (vr) | замерзнуць | [za'merznuʦᶥ] |

130. Nomes de rios

| rio Sena (m) | Сена (ж) | ['sena] |
| rio Loire (m) | Луара (ж) | [lu'ara] |

rio Tâmisa (m)	Тэмза (ж)	['tɛmza]
rio Reno (m)	Рэйн (м)	['rɛjn]
rio Danúbio (m)	Дунай (м)	[du'naj]

rio Volga (m)	Волга (ж)	['vɔlɦa]
rio Don (m)	Дон (м)	['dɔn]
rio Lena (m)	Лена (ж)	['lena]

rio Amarelo (m)	Хуанхэ (н)	[huan'hɛ]
rio Yangtzé (m)	Янцзы (н)	[ᶥan'dzɨ]
rio Mekong (m)	Меконг (м)	[me'kɔnɦ]
rio Ganges (m)	Ганг (м)	['ɦanɦ]

rio Nilo (m)	Ніл (м)	['nil]
rio Congo (m)	Конга (н)	['kɔnɦa]
rio Cubango (m)	Акаванга (ж)	[aka'vanɦa]
rio Zambeze (m)	Замбезі (ж)	[zam'bezi]
rio Limpopo (m)	Лімпапо (ж)	[limpa'pɔ]
rio Mississippi (m)	Місісіпі (ж)	[misi'sipi]

131. Floresta

| floresta (f), bosque (m) | лес (м) | ['les] |
| florestal (adj) | лясны | [lᶥas'nɨ] |

mata (f) fechada	гушчар (м)	[ɦu'ʃçar]
arvoredo (m)	гай (м)	['ɦaj]
clareira (f)	паляна (ж)	[pa'lᶥana]

| matagal (m) | зараснікі (м мн) | ['zarasniki] |
| mato (m), caatinga (f) | хмызняк (м) | [hmɨz'nᶥak] |

pequena trilha (f)	сцяжынка (ж)	[sʦᶥa'ʒinka]
ravina (f)	яр (м)	[ᶥar]
árvore (f)	дрэва (н)	['drɛva]

| folha (f) | ліст (м) | ['list] |
| folhagem (f) | лістота (ж) | [lis'tɔta] |

queda (f) das folhas	лістапад (м)	[lista'pat]
cair (vi)	ападаць	[apa'datsʲ]
topo (m)	верхавіна (ж)	[verha'vina]

ramo (m)	галіна (ж)	[ɦali'na]
galho (m)	сук (м)	['suk]
botão (m)	пупышка (ж)	[pu'piʃka]
agulha (f)	шыпулька (ж)	[ʃi'pulʲka]
pinha (f)	шышка (ж)	['ʃiʃka]

buraco (m) de árvore	дупло (н)	[dup'lɔ]
ninho (m)	гняздо (н)	[ɦnʲaz'dɔ]
toca (f)	нара (ж)	[na'ra]

tronco (m)	ствол (м)	['stvɔl]
raiz (f)	корань (м)	['kɔranʲ]
casca (f) de árvore	кара (ж)	[ka'ra]
musgo (m)	мох (м)	['mɔh]

arrancar pela raiz	карчаваць	[kartʃa'vatsʲ]
cortar (vt)	сячы	[sʲa'tʃi]
desflorestar (vt)	высякаць	[visʲa'katsʲ]
toco, cepo (m)	пень (м)	['penʲ]

fogueira (f)	вогнішча (н)	['vɔɦniʃɕa]
incêndio (m) florestal	пажар (м)	[pa'ʒar]
apagar (vt)	тушыць	[tu'ʃitsʲ]

guarda-parque (m)	ляснік (м)	[lʲas'nik]
proteção (f)	ахова (ж)	[a'hɔva]
proteger (a natureza)	ахоўваць	[a'hɔwvatsʲ]
caçador (m) furtivo	браканьер (м)	[braka'njer]
armadilha (f)	пастка (ж)	['pastka]

| colher (cogumelos, bagas) | збіраць | [zʲbi'ratsʲ] |
| perder-se (vr) | заблудзіць | [zablu'dzitsʲ] |

132. Recursos naturais

recursos (m pl) naturais	прыродныя рэсурсы (м мн)	[pri'rɔdnʲʲa rɛ'sursi]
minerais (m pl)	карысныя выкапні (м мн)	[ka'risnʲʲa 'vikapni]
depósitos (m pl)	паклады (м мн)	[pa'kladi]
jazida (f)	радовішча (н)	[ra'dɔviʃɕa]

extrair (vt)	здабываць	[zdabi'vatsʲ]
extração (f)	здабыча (ж)	[zda'bitʃa]
minério (m)	руда (ж)	[ru'da]
mina (f)	руднік (м)	[rud'nik]
poço (m) de mina	шахта (ж)	['ʃahta]
mineiro (m)	шахцёр (м)	[ʃah'tsʲor]
gás (m)	газ (м)	['ɦas]

gasoduto (m)	газаправод (м)	[ɦazapra'vɔt]
petróleo (m)	нафта (ж)	['nafta]
oleoduto (m)	нафтаправод (м)	[naftapra'vɔt]
poço (m) de petróleo	нафтавая вышка (ж)	['naftavaʲa 'viʃka]
torre (f) petrolífera	буравая вышка (ж)	[bura'vaʲa 'viʃka]
petroleiro (m)	танкер (м)	['tanker]
areia (f)	пясок (м)	[pʲa'sɔk]
calcário (m)	вапняк (м)	[vap'nʲak]
cascalho (m)	жвір (м)	['ʒvir]
turfa (f)	торф (м)	['tɔrf]
argila (f)	гліна (ж)	['ɦlina]
carvão (m)	вугаль (м)	['vuɦalʲ]
ferro (m)	жалеза (н)	[ʒa'leza]
ouro (m)	золата (н)	['zɔlata]
prata (f)	срэбра (н)	['srɛbra]
níquel (m)	нікель (м)	['nikelʲ]
cobre (m)	медзь (ж)	['metsʲ]
zinco (m)	цынк (м)	['tsɨnk]
manganês (m)	марганец (м)	['marɦanets]
mercúrio (m)	ртуць (ж)	['rtutsʲ]
chumbo (m)	свінец (м)	[svi'nets]
mineral (m)	мінерал (м)	[mine'ral]
cristal (m)	крышталь (м)	[kriʃ'talʲ]
mármore (m)	мармур (м)	['marmur]
urânio (m)	уран (м)	[u'ran]

A Terra. Parte 2

133. Tempo

tempo (m)	надвор'е (н)	[na'dvɔrʲe]
previsão (f) do tempo	прагноз (м) надвор'я	[prah'nɔs nad'vɔrʲⁱa]
temperatura (f)	тэмпература (ж)	[tɛmpera'tura]
termômetro (m)	тэрмометр (м)	[tɛr'mɔmetr]
barômetro (m)	барометр (м)	[ba'rɔmetr]
úmido (adj)	вільготны	[vilʲ'hɔtnⁱi]
umidade (f)	вільготнасць (ж)	[vilʲ'hɔtnastsʲ]
calor (m)	гарачыня (ж)	[ɦaratʃⁱi'nʲⁱa]
tórrido (adj)	гарачы	[ɦa'ratʃⁱi]
está muito calor	горача	['ɦɔratʃⁱa]
está calor	цёпла	['tsʲopla]
quente (morno)	цёплы	['tsʲoplⁱi]
está frio	холадна	['hɔladna]
frio (adj)	халодны	[ha'lɔdnⁱi]
sol (m)	сонца (н)	['sɔntsa]
brilhar (vi)	свяціць	[svʲa'tsⁱitsʲ]
de sol, ensolarado	сонечны	['sɔnetʃⁱnⁱi]
nascer (vi)	узысці	[uzⁱis'tsⁱi]
pôr-se (vr)	сесці	['sesʲtsⁱi]
nuvem (f)	воблака (н)	['vɔblaka]
nublado (adj)	воблачны	['vɔblatʃⁱnⁱi]
nuvem (f) preta	хмара (ж)	['hmara]
escuro, cinzento (adj)	пахмурны	[pah'murnⁱi]
chuva (f)	дождж (м)	['dɔʃʥ]
está a chover	ідзе дождж	[i'dze 'dɔʃʥ]
chuvoso (adj)	дажджлівы	[daʒʥ'livⁱi]
chuviscar (vi)	імжыць	[im'ʒⁱitsʲ]
chuva (f) torrencial	праліўны дождж (м)	[praliw'nⁱi 'dɔʃʥ]
aguaceiro (m)	лівень (м)	['livenʲ]
forte (chuva, etc.)	моцны	['mɔtsnⁱi]
poça (f)	лужына (ж)	['luʒⁱina]
molhar-se (vr)	мокнуць	['mɔknutsʲ]
nevoeiro (m)	туман (м)	[tu'man]
de nevoeiro	туманны	[tu'mannⁱi]
neve (f)	снег (м)	['snʲeɦ]
está nevando	ідзе снег	[i'dze 'snʲeɦ]

134. Tempo extremo. Catástrofes naturais

trovoada (f)	навальніца (ж)	[naval'ʲnitsa]
relâmpago (m)	маланка (ж)	[ma'lanka]
relampejar (vi)	бліскаць	['bliskatsʲ]
trovão (m)	гром (м)	['ɦrɔm]
trovejar (vi)	грымець	[ɦri'metsʲ]
está trovejando	грыміць гром	[ɦri'mitsʲ 'ɦrɔm]
granizo (m)	град (м)	['ɦrat]
está caindo granizo	ідзе град	[i'dze 'ɦrat]
inundar (vt)	затапіць	[zata'pitsʲ]
inundação (f)	паводка (ж)	[pa'vɔtka]
terremoto (m)	землятрус (м)	[zemlʲa'trus]
abalo, tremor (m)	штуршок (м)	[ʃtur'ʃɔk]
epicentro (m)	эпіцэнтр (м)	[ɛpi'tsɛntr]
erupção (f)	вывяржэнне (н)	[vivʲar'ʒɛnne]
lava (f)	лава (ж)	['lava]
tornado (m)	смерч (м)	['smertʃ]
tornado (m)	тарнада (м)	[tar'nada]
tufão (m)	тайфун (м)	[taj'fun]
furacão (m)	ураган (м)	[ura'ɦan]
tempestade (f)	бура (ж)	['bura]
tsunami (m)	цунамі (н)	[tsu'nami]
ciclone (m)	цыклон (м)	[tsik'lɔn]
mau tempo (m)	непагадзь (ж)	['nepaɦatsʲ]
incêndio (m)	пажар (м)	[pa'ʒar]
catástrofe (f)	катастрофа (ж)	[kata'strɔfa]
meteorito (m)	метэарыт (м)	[metɛa'rit]
avalanche (f)	лавіна (ж)	[la'vina]
deslizamento (m) de neve	абвал (м)	[ab'val]
nevasca (f)	мяцеліца (ж)	[mʲa'tselitsa]
tempestade (f) de neve	завіруха (ж)	[zavi'ruha]

Fauna

135. Mamíferos. Predadores

predador (m)	драпежнік (м)	[dra'peʒnik]
tigre (m)	тыгр (м)	['tiɦr]
leão (m)	леў (м)	['lew]
lobo (m)	воўк (м)	['vɔwk]
raposa (f)	ліса (ж)	['lisa]
jaguar (m)	ягуар (м)	[ʲaɦu'ar]
leopardo (m)	леапард (м)	[lea'part]
chita (f)	гепард (м)	[ɦe'part]
pantera (f)	пантэра (ж)	[pan'tɛra]
puma (m)	пума (ж)	['puma]
leopardo-das-neves (m)	снежны барс (м)	['sneʒnɨ 'bars]
lince (m)	рысь (ж)	['risʲ]
coiote (m)	каёт (м)	[ka'ʲot]
chacal (m)	шакал (м)	[ʃa'kal]
hiena (f)	гіена (ж)	[ɦi'ena]

136. Animais selvagens

animal (m)	жывёліна (ж)	[ʒɨ'vʲolina]
besta (f)	звер (м)	['zʲver]
esquilo (m)	вавёрка (ж)	[va'vʲorka]
ouriço (m)	вожык (м)	['vɔʒɨk]
lebre (f)	заяц (м)	['zaʲaʦ]
coelho (m)	трус (м)	['trus]
texugo (m)	барсук (м)	[bar'suk]
guaxinim (m)	янот (м)	[ʲa'nɔt]
hamster (m)	хамяк (м)	[ɦa'mʲak]
marmota (f)	сурок (м)	[su'rɔk]
toupeira (f)	крот (м)	['krɔt]
rato (m)	мыш (ж)	['miʃ]
ratazana (f)	пацук (м)	[pa'ʦuk]
morcego (m)	кажан (м)	[ka'ʒan]
arminho (m)	гарнастай (м)	[ɦarna'staj]
zibelina (f)	собаль (м)	['sɔbalʲ]
marta (f)	куніца (ж)	[ku'niʦa]
doninha (f)	ласка (ж)	['laska]
visom (m)	норка (ж)	['nɔrka]

castor (m)	бабёр (м)	[ba'bʲor]
lontra (f)	выдра (ж)	['vidra]
cavalo (m)	конь (м)	['konʲ]
alce (m)	лось (м)	['losʲ]
veado (m)	алень (м)	[a'lenʲ]
camelo (m)	вярблюд (м)	[vʲar'blʉt]
bisão (m)	бізон (м)	[bi'zon]
auroque (m)	зубр (м)	['zubr]
búfalo (m)	буйвал (м)	['bujval]
zebra (f)	зебра (ж)	['zebra]
antílope (m)	антылопа (ж)	[anti'lopa]
corça (f)	казуля (ж)	[ka'zulʲa]
gamo (m)	лань (ж)	['lanʲ]
camurça (f)	сарна (ж)	['sarna]
javali (m)	дзік (м)	['dzik]
baleia (f)	кіт (м)	['kit]
foca (f)	цюлень (м)	[tsʉ'lenʲ]
morsa (f)	морж (м)	['morʃ]
urso-marinho (m)	коцік (м)	['kotsik]
golfinho (m)	дэльфін (м)	[dɛlʲ'fin]
urso (m)	мядзведзь (м)	[mʲadz'vedzʲ]
urso (m) polar	белы мядзведзь (м)	['beli mʲadz'vedzʲ]
panda (m)	панда (ж)	['panda]
macaco (m)	малпа (ж)	['malpa]
chimpanzé (m)	шымпанзэ (м)	[ʃimpan'zɛ]
orangotango (m)	арангутанг (м)	[aranɦu'tanɦ]
gorila (m)	гарыла (ж)	[ɦa'rila]
macaco (m)	макака (ж)	[ma'kaka]
gibão (m)	гібон (м)	[ɦi'bon]
elefante (m)	слон (м)	['slon]
rinoceronte (m)	насарог (м)	[nasa'rɔɦ]
girafa (f)	жырафа (ж)	[ʒi'rafa]
hipopótamo (m)	бегемот (м)	[beɦe'mɔt]
canguru (m)	кенгуру (м)	[kenɦu'ru]
coala (m)	каала (ж)	[ka'ala]
mangusto (m)	мангуст (м)	[man'ɦust]
chinchila (f)	шыншыла (ж)	[ʃin'ʃila]
cangambá (f)	скунс (м)	['skuns]
porco-espinho (m)	дзікабраз (м)	[dzikab'ras]

137. Animais domésticos

gata (f)	кошка (ж)	['koʃka]
gato (m) macho	кот (м)	['kot]
cão (m)	сабака (м)	[sa'baka]

cavalo (m)	конь (м)	['konʲ]
garanhão (m)	жарабец (м)	[ʒaraˈbets]
égua (f)	кабыла (ж)	[kaˈbɨla]
vaca (f)	карова (ж)	[kaˈrɔva]
touro (m)	бык (м)	['bɨk]
boi (m)	вол (м)	['vɔl]
ovelha (f)	авечка (ж)	[aˈvetʃka]
carneiro (m)	баран (м)	[baˈran]
cabra (f)	каза (ж)	[kaˈza]
bode (m)	казёл (м)	[kaˈzʲol]
burro (m)	асёл (м)	[aˈsʲol]
mula (f)	мул (м)	['mul]
porco (m)	свіння (ж)	[sviˈnnʲa]
leitão (m)	парася (н)	[paraˈsʲa]
coelho (m)	трус (м)	['trus]
galinha (f)	курыца (ж)	['kurɨtsa]
galo (m)	певень (м)	['pevenʲ]
pata (f), pato (m)	качка (ж)	['katʃka]
pato (m)	качар (м)	['katʃar]
ganso (m)	гусь (ж)	['ɦusʲ]
peru (m)	індык (м)	[inˈdɨk]
perua (f)	індычка (ж)	[inˈdɨtʃka]
animais (m pl) domésticos	свойская жывёла (ж)	[svɔjskaʲa ʒɨˈvʲola]
domesticado (adj)	ручны	[rutʃʲnɨ]
domesticar (vt)	прыручаць	[priruˈtʃatsʲ]
criar (vt)	выгадоўваць	[vɨɦaˈdɔwvatsʲ]
fazenda (f)	ферма (ж)	['ferma]
aves (f pl) domésticas	свойская птушка (ж)	['svɔjskaʲa 'ptuʃka]
gado (m)	жывёла (ж)	[ʒɨˈvʲola]
rebanho (m), manada (f)	статак (м)	['statak]
estábulo (m)	стайня (ж)	['stajnʲa]
chiqueiro (m)	свінарнік (м)	[sviˈnarnik]
estábulo (m)	кароўнік (м)	[kaˈrɔwnik]
coelheira (f)	трусятнік (м)	[truˈsʲatnik]
galinheiro (m)	куратнік (м)	[kuˈratnik]

138. Pássaros

pássaro (m), ave (f)	птушка (ж)	['ptuʃka]
pombo (m)	голуб (м)	['ɦɔlup]
pardal (m)	верабей (м)	[veraˈbej]
chapim-real (m)	сініца (ж)	[siˈnitsa]
pega-rabuda (f)	сарока (ж)	[saˈrɔka]
corvo (m)	крумкач (м)	[krumˈkatʃ]

gralha-cinzenta (f)	варона (ж)	[va'rɔna]
gralha-de-nuca-cinzenta (f)	галка (ж)	['ɦalka]
gralha-calva (f)	грак (м)	['ɦrak]
pato (m)	качка (ж)	['katʃka]
ganso (m)	гусь (ж)	['ɦusʲ]
faisão (m)	фазан (м)	[fa'zan]
águia (f)	арол (м)	[a'rɔl]
açor (m)	ястраб (м)	['ʲastrap]
falcão (m)	сокал (м)	['sɔkal]
abutre (m)	грыф (м)	['ɦrif]
condor (m)	кондар (м)	['kɔndar]
cisne (m)	лебедзь (м)	['lebetsʲ]
grou (m)	журавель (м)	[ʒura'velʲ]
cegonha (f)	бусел (м)	['busel]
papagaio (m)	папугай (м)	[papu'ɦaj]
beija-flor (m)	калібры (м)	[ka'libri]
pavão (m)	паўлін (м)	[paw'lin]
avestruz (m)	страус (м)	['straus]
garça (f)	чапля (ж)	['tʃaplʲa]
flamingo (m)	фламінга (м)	[fla'minɦa]
pelicano (m)	пелікан (м)	[peli'kan]
rouxinol (m)	салавей (м)	[sala'vej]
andorinha (f)	ластаўка (ж)	['lastawka]
tordo-zornal (m)	дрозд (м)	['drɔst]
tordo-músico (m)	пеўчы дрозд (м)	['pewtʃi 'drɔst]
melro-preto (m)	чорны дрозд (м)	['tʃɔrni 'drɔst]
andorinhão (m)	стрыж (м)	['striʃ]
cotovia (f)	жаваранак (м)	['ʒavaranak]
codorna (f)	перапёлка (ж)	[pera'pʲolka]
pica-pau (m)	дзяцел (м)	['dzʲatsel]
cuco (m)	зязюля (ж)	[zʲa'zulʲa]
coruja (f)	сава (ж)	[sa'va]
bufo-real (m)	пугач (м)	[pu'ɦatʃ]
tetraz-grande (m)	глушэц (м)	[ɦlu'ʃɛts]
tetraz-lira (m)	цецярук (м)	[tsetsʲa'ruk]
perdiz-cinzenta (f)	курапатка (ж)	[kura'patka]
estorninho (m)	шпак (м)	['ʃpak]
canário (m)	канарэйка (ж)	[kana'rɛjka]
galinha-do-mato (f)	рабчык (м)	['raptʃik]
tentilhão (m)	зяблік (м)	['zʲablik]
dom-fafe (m)	гіль (м)	['ɦilʲ]
gaivota (f)	чайка (ж)	['tʃajka]
albatroz (m)	альбатрос (м)	[alʲbat'rɔs]
pinguim (m)	пінгвін (м)	[pinɦ'vin]

139. Peixes. Animais marinhos

brema (f)	лешч (м)	['leʃɕ]
carpa (f)	карп (м)	['karp]
perca (f)	акунь (м)	[a'kunʲ]
siluro (m)	сом (м)	['sɔm]
lúcio (m)	шчупак (м)	[ʃɕu'pak]
salmão (m)	ласось (м)	[la'sɔsʲ]
esturjão (m)	асетр (м)	[a'setr]
arenque (m)	селядзец (м)	[selʲa'dzeʦ]
salmão (m) do Atlântico	сёмга (ж)	['sʲomɦa]
cavala, sarda (f)	скумбрыя (ж)	['skumbriʲa]
solha (f), linguado (m)	камбала (ж)	['kambala]
lúcio perca (m)	судак (м)	[su'dak]
bacalhau (m)	траска (ж)	[tras'ka]
atum (m)	тунец (м)	[tu'neʦ]
truta (f)	стронга (ж)	['strɔnɦa]
enguia (f)	вугор (м)	[vu'ɦɔr]
raia (f) elétrica	электрычны скат (м)	[ɛlekt'riʧnɨ 'skat]
moreia (f)	мурэна (ж)	[mu'rɛna]
piranha (f)	піранння (ж)	[pi'rannʲa]
tubarão (m)	акула (ж)	[a'kula]
golfinho (m)	дэльфін (м)	[dɛlʲ'fin]
baleia (f)	кіт (м)	['kit]
caranguejo (m)	краб (м)	['krap]
água-viva (f)	медуза (ж)	[me'duza]
polvo (m)	васьміног (м)	[vasʲmi'nɔɦ]
estrela-do-mar (f)	марская зорка (ж)	[mar'skaʲa 'zɔrka]
ouriço-do-mar (m)	марскі вожык (м)	[mar'ski 'vɔʒik]
cavalo-marinho (m)	марскі конік (м)	[mar'ski 'kɔnik]
ostra (f)	вустрыца (ж)	['vustriʦa]
camarão (m)	крэветка (ж)	[krɛ'vetka]
lagosta (f)	амар (м)	[a'mar]
lagosta (f)	лангуст (м)	[lan'ɦust]

140. Anfíbios. Répteis

cobra (f)	змяя (ж)	[zmæ'ʲa]
venenoso (adj)	ядавіты	[ʲada'vitɨ]
víbora (f)	гадзюка (ж)	[ɦa'dzʉka]
naja (f)	кобра (ж)	['kɔbra]
píton (m)	пітон (м)	[pi'tɔn]
jiboia (f)	удаў (м)	[u'daw]
cobra-de-água (f)	вуж (м)	['vuʃ]

cascavel (f)	грымучая змяя (ж)	[ɦri'mutʃaʲa zmæ'ʲa]
anaconda (f)	анаконда (ж)	[ana'kɔnda]
lagarto (m)	яшчарка (ж)	[ˈʲaʃɕarka]
iguana (f)	ігуана (ж)	[iɦu'ana]
varano (m)	варан (m)	[va'ran]
salamandra (f)	саламандра (ж)	[sala'mandra]
camaleão (m)	хамелеон (м)	[hamele'ɔn]
escorpião (m)	скарпіён (м)	[skarpi'ʲon]
tartaruga (f)	чарапаха (ж)	[ʧara'paha]
rã (f)	жаба (ж)	[ˈʒaba]
sapo (m)	рапуха (ж)	[ra'puha]
crocodilo (m)	кракадзіл (м)	[kraka'dzil]

141. Insetos

inseto (m)	насякомае (н)	[nasʲa'kɔmae]
borboleta (f)	матылёк (м)	[matiˈlʲok]
formiga (f)	мурашка (ж)	[mu'raʃka]
mosca (f)	муха (ж)	[ˈmuha]
mosquito (m)	камар (м)	[ka'mar]
escaravelho (m)	жук (м)	[ˈʒuk]
vespa (f)	аса (ж)	[a'sa]
abelha (f)	пчала (ж)	[pʧa'la]
mamangaba (f)	чмель (м)	[ˈʧmelʲ]
moscardo (m)	авадзень (м)	[ava'dzenʲ]
aranha (f)	павук (м)	[pa'vuk]
teia (f) de aranha	павуціна (ж)	[pavu'tsina]
libélula (f)	страказа (ж)	[straka'za]
gafanhoto (m)	конік (м)	[ˈkɔnik]
traça (f)	матыль (м)	[ma'tilʲ]
barata (f)	таракан (м)	[tara'kan]
carrapato (m)	клешч (м)	[ˈkleʃɕ]
pulga (f)	блыха (ж)	[bli'ha]
borrachudo (m)	мошка (ж)	[ˈmɔʃka]
gafanhoto (m)	саранча (ж)	[saran'ʧa]
caracol (m)	слімак (м)	[sli'mak]
grilo (m)	цвыркун (м)	[tsvir'kun]
pirilampo, vaga-lume (m)	светлячок (м)	[svetlʲa'ʧok]
joaninha (f)	божая кароўка (ж)	[bɔʒaʲa ka'rɔwka]
besouro (m)	хрушч (м)	[ˈhruʃɕ]
sanguessuga (f)	п'яўка (ж)	[ˈpʲʲawka]
lagarta (f)	вусень (м)	[ˈvusenʲ]
minhoca (f)	чарвяк (м)	[ʧar'vʲak]
larva (f)	чарвяк (м)	[ʧar'vʲak]

Flora

142. Árvores

árvore (f)	дрэва (н)	['drɛva]
decídua (adj)	ліставое	[lista'vɔe]
conífera (adj)	хвойнае	['hvɔjnae]
perene (adj)	вечназялёнае	[vetʃnaz'a'lʲonae]
macieira (f)	яблыня (ж)	['ʲablinʲa]
pereira (f)	груша (ж)	['ɦruʃa]
cerejeira (f)	чарэшня (ж)	[tʃa'rɛʃnʲa]
ginjeira (f)	вішня (ж)	['viʃnʲa]
ameixeira (f)	сліва (ж)	['sliva]
bétula (f)	бяроза (ж)	[bʲa'rɔza]
carvalho (m)	дуб (м)	['dup]
tília (f)	ліпа (ж)	['lipa]
choupo-tremedor (m)	асіна (ж)	[a'sina]
bordo (m)	клён (м)	['klʲon]
espruce (m)	елка (ж)	['elka]
pinheiro (m)	сасна (ж)	[sas'na]
alerce, lariço (m)	лістоўніца (ж)	[lis'tɔwnitsa]
abeto (m)	піхта (ж)	['pihta]
cedro (m)	кедр (м)	['kedr]
choupo, álamo (m)	таполя (ж)	[ta'pɔlʲa]
tramazeira (f)	рабіна (ж)	[ra'bina]
salgueiro (m)	вярба (ж)	[vʲar'ba]
amieiro (m)	вольха (ж)	['vɔlʲha]
faia (f)	бук (м)	['buk]
ulmeiro, olmo (m)	вяз (м)	['vʲas]
freixo (m)	ясень (м)	['ʲasenʲ]
castanheiro (m)	каштан (м)	[kaʃ'tan]
magnólia (f)	магнолія (ж)	[maɦ'nɔliʲa]
palmeira (f)	пальма (ж)	['palʲma]
cipreste (m)	кіпарыс (м)	[kipa'ris]
mangue (m)	манграваe дрэва (н)	['manɦravae 'drɛva]
embondeiro, baobá (m)	баабаб (м)	[baa'bap]
eucalipto (m)	эўкаліпт (м)	[ɛwka'lipt]
sequoia (f)	секвоя (ж)	[sek'vɔʲa]

143. Arbustos

arbusto (m)	куст (м)	['kust]
arbusto (m), moita (f)	хмызняк (м)	[ɦmiz'nʲak]

videira (f)	вінаград (м)	[vina'ɦrat]
vinhedo (m)	вінаграднік (м)	[vina'ɦradnik]
framboeseira (f)	маліны (ж мн)	[ma'lini]
groselheira-negra (f)	чорная парэчка (ж)	['ʧornaʲa pa'rɛʧka]
groselheira-vermelha (f)	чырвоная парэчка (ж)	[ʧir'vonaʲa pa'rɛʧka]
groselheira (f) espinhosa	агрэст (м)	[aɦ'rɛst]
acácia (f)	акацыя (ж)	[a'katsiʲa]
bérberis (f)	барбарыс (м)	[barba'ris]
jasmim (m)	язмін (м)	[ʲaz'min]
junípero (m)	ядловец (м)	[ʲad'lovets]
roseira (f)	ружавы куст (м)	['ruʒavɨ kust]
roseira (f) brava	шыпшына (ж)	[ʃip'ʃina]

144. Frutos. Bagas

fruta (f)	фрукт, плод (м)	['frukt], [plot]
frutas (f pl)	садавіна (ж)	[sada'vina]
maçã (f)	яблык (м)	['ʲablik]
pera (f)	груша (ж)	['ɦruʃa]
ameixa (f)	сліва (ж)	['sliva]
morango (m)	клубніцы (ж мн)	[klub'nitsi]
ginja (f)	вішня (ж)	['viʃnʲa]
cereja (f)	чарэшня (ж)	[ʧa'rɛʃnʲa]
uva (f)	вінаград (м)	[vina'ɦrat]
framboesa (f)	маліны (ж мн)	[ma'lini]
groselha (f) negra	чорныя парэчкі (ж мн)	['ʧorniʲa pa'rɛʧki]
groselha (f) vermelha	чырвоныя парэчкі (ж мн)	[ʧir'voniʲa pa'rɛʧki]
groselha (f) espinhosa	агрэст (м)	[aɦ'rɛst]
oxicoco (m)	журавіны (ж мн)	[ʒura'vini]
laranja (f)	апельсін (м)	[apelʲ'sin]
tangerina (f)	мандарын (м)	[manda'rin]
abacaxi (m)	ананас (м)	[ana'nas]
banana (f)	банан (м)	[ba'nan]
tâmara (f)	фінік (м)	['finik]
limão (m)	лімон (м)	[li'mon]
damasco (m)	абрыкос (м)	[abri'kɔs]
pêssego (m)	персік (м)	['persik]
quiuí (m)	ківі (м)	['kivi]
toranja (f)	грэйпфрут (м)	[ɦrɛjp'frut]
baga (f)	ягада (ж)	['ʲaɦada]
bagas (f pl)	ягады (ж мн)	['ʲaɦadi]
arando (m) vermelho	брусніцы (ж мн)	[brus'nitsi]
morango-silvestre (m)	сун1цы (ж мн)	[su'nitsi]
mirtilo (m)	чарніцы (ж мн)	[ʧar'nitsi]

145. Flores. Plantas

flor (f)	кветка (ж)	['kvetka]
buquê (m) de flores	букет (м)	[bu'ket]
rosa (f)	ружа (ж)	['ruʒa]
tulipa (f)	цюльпан (м)	[tsɰlʲ'pan]
cravo (m)	гваздзік (м)	[ɦvazʲˈdzik]
gladíolo (m)	гладыёлус (м)	[ɦladiˈjʲolus]
centáurea (f)	валошка (ж)	[vaˈlɔʃka]
campainha (f)	званочак (м)	[zvaˈnɔtʃak]
dente-de-leão (m)	дзьмухавец (м)	[tsʲmuhaˈvets]
camomila (f)	рамонак (м)	[raˈmɔnak]
aloé (m)	альяс (м)	[aˈlʲas]
cacto (m)	кактус (м)	['kaktus]
fícus (m)	фікус (м)	['fikus]
lírio (m)	лілея (ж)	[liˈleʲa]
gerânio (m)	герань (ж)	[ɦeˈranʲ]
jacinto (m)	гіяцынт (м)	[ɦiʲaˈtsint]
mimosa (f)	мімоза (ж)	[miˈmɔza]
narciso (m)	нарцыс (м)	[narˈtsis]
capuchinha (f)	настурка (ж)	[naˈsturka]
orquídea (f)	архідэя (ж)	[arhiˈdɛʲa]
peônia (f)	півоня (ж)	[piˈvɔnʲa]
violeta (f)	фіялка (ж)	[fiˈʲalka]
amor-perfeito (m)	браткі (мн)	['bratki]
não-me-esqueças (m)	незабудка (ж)	[nezaˈbutka]
margarida (f)	маргарытка (ж)	[marɦaˈritka]
papoula (f)	мак (м)	['mak]
cânhamo (m)	каноплі (мн)	[kaˈnɔpli]
hortelã, menta (f)	мята (ж)	['mʲata]
lírio-do-vale (m)	ландыш (м)	['landiʃ]
campânula-branca (f)	падснежнік (м)	[patˈsneʒnik]
urtiga (f)	крапіва (ж)	[krapiˈva]
azedinha (f)	шчаўе (н)	['ʃɕawe]
nenúfar (m)	гарлачык (м)	[ɦarˈlatʃik]
samambaia (f)	папараць (ж)	['paparatsʲ]
líquen (m)	лішайнік (м)	[liˈʃajnik]
estufa (f)	аранжарэя (ж)	[aranʒaˈrɛʲa]
gramado (m)	газон (м)	[ɦaˈzɔn]
canteiro (m) de flores	клумба (ж)	['klumba]
planta (f)	расліна (ж)	[rasˈlina]
grama (f)	трава (ж)	[traˈva]
folha (f) de grama	травінка (ж)	[traˈvinka]

folha (f)	ліст (м)	['list]
pétala (f)	пялёстак (м)	[pʲa'lʲostak]
talo (m)	сцябло (н)	[sʦʲab'lɔ]
tubérculo (m)	клубень (м)	['klubenʲ]

| broto, rebento (m) | расток (м) | [ras'tɔk] |
| espinho (m) | калючка (ж) | [ka'lʉʧka] |

florescer (vi)	цвісці	[ʦʲvis'ʦi]
murchar (vi)	вянуць	['vʲanuʦʲ]
cheiro (m)	пах (м)	['pah]
cortar (flores)	зразаць	[zra'zaʦʲ]
colher (uma flor)	сарваць	[sar'vaʦʲ]

146. Cereais, grãos

grão (m)	зерне (н)	['zerne]
cereais (plantas)	зерневыя расліны (ж мн)	[zernevʲʲa ra'slinʲ]
espiga (f)	колас (м)	['kɔlas]

trigo (m)	пшаніца (ж)	[pʃa'niʦa]
centeio (m)	жыта (н)	['ʒita]
aveia (f)	авёс (м)	[a'vʲos]
painço (m)	проса (н)	['prɔsa]
cevada (f)	ячмень (м)	[ʲatʲ'menʲ]

milho (m)	кукуруза (ж)	[kuku'ruza]
arroz (m)	рыс (м)	['ris]
trigo-sarraceno (m)	грэчка (ж)	['ɦrɛʧka]

ervilha (f)	гарох (м)	[ɦa'rɔh]
feijão (m) roxo	фасоля (ж)	[fa'sɔlʲa]
soja (f)	соя (ж)	['sɔʲa]
lentilha (f)	сачавіца (ж)	[saʧa'viʦa]
feijão (m)	боб (м)	['bɔp]

PAÍSES. NACIONALIDADES

147. Europa Ocidental

Europa (f)	Еўропа	[ew'rɔpa]
União (f) Europeia	Еўрапейскі саюз	[ewra'pejski sa'ʉs]
Áustria (f)	Аўстрыя	['awstrʲa]
Grã-Bretanha (f)	Вялікабрытанія	[vʲalikabri'tanʲa]
Inglaterra (f)	Англія	['anɦliʲa]
Bélgica (f)	Бельгія	['belʲɦiʲa]
Alemanha (f)	Германія	[ɦer'maniʲa]
Países Baixos (m pl)	Нідэрланды	[nidɛr'landi]
Holanda (f)	Галандыя	[ɦa'landʲa]
Grécia (f)	Грэцыя	['ɦrɛtsiʲa]
Dinamarca (f)	Данія	['daniʲa]
Irlanda (f)	Ірландыя	[ir'landʲa]
Islândia (f)	Ісландыя	[is'landʲa]
Espanha (f)	Іспанія	[is'paniʲa]
Itália (f)	Італія	[i'taliʲa]
Chipre (m)	Кіпр	['kipr]
Malta (f)	Мальта	['malʲta]
Noruega (f)	Нарвегія	[nar'veɦiʲa]
Portugal (m)	Партугалія	[partu'ɦaliʲa]
Finlândia (f)	Фінляндыя	[fin'lʲandʲa]
França (f)	Францыя	['frantsiʲa]
Suécia (f)	Швецыя	['ʃvetsiʲa]
Suíça (f)	Швейцарыя	[ʃvej'tsariʲa]
Escócia (f)	Шатландыя	[ʃat'landʲa]
Vaticano (m)	Ватыкан	[vati'kan]
Liechtenstein (m)	Ліхтэнштэйн	[lihtɛn'ʃtɛjn]
Luxemburgo (m)	Люксембург	[lʉksem'burɦ]
Mônaco (m)	Манака	[ma'naka]

148. Europa Central e de Leste

Albânia (f)	Албанія	[al'baniʲa]
Bulgária (f)	Балгарыя	[bal'ɦariʲa]
Hungria (f)	Венгрыя	['venɦriʲa]
Letônia (f)	Латвія	['latviʲa]
Lituânia (f)	Літва	[lit'va]
Polônia (f)	Польшча	['pɔlʲʃɕa]

Romênia (f)	Румынія	[ru'mini‍a]
Sérvia (f)	Сербія	['serbi‍a]
Eslováquia (f)	Славакія	[sla'vaki‍a]

Croácia (f)	Харватыя	[har'vati‍a]
República (f) Checa	Чэхія	['ʧɛhi‍a]
Estônia (f)	Эстонія	[ɛs'toni‍a]

Bósnia e Herzegovina (f)	Боснія і Герцагавіна	['bosni‍a i her‍tsaɦa'vina]
Macedônia (f)	Македонія	[make'doni‍a]
Eslovênia (f)	Славенія	[sla'veni‍a]
Montenegro (m)	Чарнагорыя	[ʧarna'ɦori‍a]

149. Países da ex-URSS

| Azerbaijão (m) | Азербайджан | [azerbaj'dʒan] |
| Armênia (f) | Арменія | [ar'meni‍a] |

Belarus	Беларусь	[bela'rus‍]
Geórgia (f)	Грузія	['ɦruzi‍a]
Cazaquistão (m)	Казахстан	[kazah'stan]
Quirguistão (m)	Кыргызстан	[kirɦi'stan]
Moldávia (f)	Малдова	[mal'dɔva]

| Rússia (f) | Расія | [ra'si‍a] |
| Ucrânia (f) | Украіна | [ukra'ina] |

Tajiquistão (m)	Таджыкістан	[tadʒiki'stan]
Turquemenistão (m)	Туркменістан	[turkmeni'stan]
Uzbequistão (f)	Узбекістан	[uz‍beki'stan]

150. Asia

Ásia (f)	Азія	['azi‍a]
Vietnã (m)	В'етнам	[vʲet'nam]
Índia (f)	Індыя	['indi‍a]
Israel (m)	Ізраіль	[iz'rail‍]

China (f)	Кітай	[ki'taj]
Líbano (m)	Ліван	[li'van]
Mongólia (f)	Манголія	[man'ɦoli‍a]

| Malásia (f) | Малайзія | [ma'lajzi‍a] |
| Paquistão (m) | Пакістан | [paki'stan] |

Arábia (f) Saudita	Саудаўская Аравія	[sa'udawska‍a a'rawi‍a]
Tailândia (f)	Тайланд	[taj'lant]
Taiwan (m)	Тайвань	[taj'van‍]
Turquia (f)	Турцыя	['tur‍tsi‍a]
Japão (m)	Японія	[‍a'pɔni‍a]
Afeganistão (m)	Афганістан	[afɦani'stan]
Bangladesh (m)	Бангладэш	[banɦla'dɛʃ]

| Indonésia (f) | Інданезія | [inda'nezi'a] |
| Jordânia (f) | Іарданія | [iar'dani'a] |

Iraque (m)	Ірак	[i'rak]
Irã (m)	Іран	[i'ran]
Camboja (f)	Камбоджа	[kam'bɔʤa]
Kuwait (m)	Кувейт	[ku'vejt]

Laos (m)	Лаос	[la'ɔs]
Birmânia (f)	М'янма	['m'ʲanma]
Nepal (m)	Непал	[ne'pal]
Emirados Árabes Unidos	Аб'яднаныя Арабскія Эміраты	[ab'ʲad'nani'a a'rapski'a ɛmi'ratɨ]

| Síria (f) | Сірыя | ['siri'a] |
| Palestina (f) | Палесцінская аўтаномія | [pales'tsinska'a awta'nɔmi'a] |

| Coreia (f) do Sul | Паўднёвая Карэя | [paw'dnʲova'a ka'rɛ'a] |
| Coreia (f) do Norte | Паўночная Карэя | [paw'nɔʧna'a ka'rɛ'a] |

151. América do Norte

Estados Unidos da América	Злучаныя Штаты Амерыкі	[zluʧani'a ʃ'tatɨ a'meriki]
Canadá (m)	Канада	[ka'nada]
México (m)	Мексіка	['meksika]

152. América Central do Sul

Argentina (f)	Аргенціна	[arɦen'tsina]
Brasil (m)	Бразілія	[bra'zili'a]
Colômbia (f)	Калумбія	[ka'lumbi'a]

| Cuba (f) | Куба | ['kuba] |
| Chile (m) | Чылі | ['ʧili] |

| Bolívia (f) | Балівія | [ba'livi'a] |
| Venezuela (f) | Венесуэла | [venesu'ɛla] |

| Paraguai (m) | Парагвай | [paraɦ'vaj] |
| Peru (m) | Перу | [pe'ru] |

Suriname (m)	Сурынам	[suri'nam]
Uruguai (m)	Уругвай	[uruɦ'vaj]
Equador (m)	Эквадор	[ɛkva'dɔr]

| Bahamas (f pl) | Багамскія астравы | [ba'ɦamski'a astra'vɨ] |
| Haiti (m) | Гаіці | [ɦa'itsi] |

República Dominicana	Дамініканская Рэспубліка	[damini'kanska'a rɛs'publika]
Panamá (m)	Панама	[pa'nama]
Jamaica (f)	Ямайка	['a'majka]

141

153. Africa

Egito (m)	Егіпет	[e'ɦipet]
Marrocos	Марока	[ma'rɔka]
Tunísia (f)	Туніс	[tu'nis]
Gana (f)	Гана	['ɦana]
Zanzibar (m)	Занзібар	[zanzi'bar]
Quênia (f)	Кенія	['keniʲa]
Líbia (f)	Лівія	['liviʲa]
Madagascar (m)	Мадагаскар	[madaɦas'kar]
Namíbia (f)	Намібія	[na'mibiʲa]
Senegal (m)	Сенегал	[sene'ɦal]
Tanzânia (f)	Танзанія	[tan'zaniʲa]
África (f) do Sul	Паўднёва-Афрыканская Рэспубліка	[paw'dnʲova afri'kanskaʲa rɛs'publika]

154. Austrália. Oceania

Austrália (f)	Аўстралія	[aw'straliʲa]
Nova Zelândia (f)	Новая Зеландыя	['nɔvaʲa ze'landiʲa]
Tasmânia (f)	Тасманія	[tas'maniʲa]
Polinésia (f) Francesa	Французская Палінезія	[fran'tsuskaʲa pali'neziʲa]

155. Cidades

Amesterdã, Amsterdã	Амстэрдам	[amstɛr'dam]
Ancara	Анкара	[anka'ra]
Atenas	Афіны	[a'finɨ]
Bagdade	Багдад	[baɦ'dat]
Bancoque	Бангкок	[banɦ'kɔk]
Barcelona	Барселона	[barse'lɔna]
Beirute	Бейрут	[bej'rut]
Berlim	Берлін	[ber'lin]
Bonn	Бон	['bɔn]
Bordéus	Бардо	[bar'dɔ]
Bratislava	Браціслава	[bratsi'slava]
Bruxelas	Брусель	[bru'selʲ]
Bucareste	Бухарэст	[buha'rɛst]
Budapeste	Будапешт	[buda'peʃt]
Cairo	Каір	[ka'ir]
Calcutá	Калькута	[kalʲ'kuta]
Chicago	Чыкага	[tʃɨ'kaɦa]
Cidade do México	Мехіка	['mehika]
Copenhague	Капенгаген	[kape'nɦaɦen]
Dar es Salaam	Дар-эс-Салам	[darɛssa'lam]

Deli	Дэлі	['dɛli]
Dubai	Дубай	[du'baj]
Dublim	Дублін	['dublin]
Düsseldorf	Дзюсельдорф	[dzuselʲ'dɔrf]
Estocolmo	Стакгольм	[stak'hɔlʲm]
Florença	Фларэнцыя	[fla'rɛntsʲa]
Frankfurt	Франкфурт	['frankfurt]
Genebra	Жэнева	[ʒɛ'neva]
Haia	Гаага	[ha'aha]
Hamburgo	Гамбург	['hamburh]
Hanói	Ханой	[ha'nɔj]
Havana	Гавана	[ha'vana]
Helsinque	Хельсінкі	['helʲsinki]
Hiroshima	Хірасіма	[hira'sima]
Hong Kong	Ганконг	[ha'nkɔnh]
Istambul	Стамбул	[stam'bul]
Jerusalém	Іерусалім	[ierusa'lim]
Kiev, Quieve	Кіеў	['kiew]
Kuala Lumpur	Куала-Лумпур	[ku'ala lum'pur]
Lion	Ліён	[liʲon]
Lisboa	Лісабон	[lisa'bɔn]
Londres	Лондан	['lɔndan]
Los Angeles	Лос-Анжэлес	[lɔ'sanʒɛles]
Madrid	Мадрыд	[mad'rit]
Marselha	Марсэль	[mar'sɛlʲ]
Miami	Маямі	[maʲami]
Montreal	Манрэаль	[manrɛ'alʲ]
Moscou	Масква	[mask'va]
Mumbai	Бамбей	[bam'bej]
Munique	Мюнхен	['munhen]
Nairóbi	Найробі	[naj'rɔbi]
Nápoles	Неапаль	[ne'apalʲ]
Nice	Ніца	['nitsa]
Nova York	Нью-Йорк	[njuʲork]
Oslo	Осла	['ɔsla]
Ottawa	Атава	[a'tava]
Paris	Парыж	[pa'riʃ]
Pequim	Пекін	[pe'kin]
Praga	Прага	['praha]
Rio de Janeiro	Рыо-дэ-Жанейра	['rio dɛ ʒa'nejra]
Roma	Рым	['rim]
São Petersburgo	Санкт-Пецярбург	['sankt petsʲar'burh]
Seul	Сеул	[se'ul]
Singapura	Сінгапур	[sinha'pur]
Sydney	Сіднэй	[sid'nɛj]
Taipé	Тайбэй	[taj'bɛj]
Tóquio	Токіо	['tɔkio]
Toronto	Таронта	[ta'rɔnta]

143

Varsóvia	**Варшава**	[var'ʃava]
Veneza	**Венецыя**	[ve'neʦiˑa]
Viena	**Вена**	['vena]
Washington	**Вашынгтон**	[vaʃinɦ'tɔn]
Xangai	**Шанхай**	[ʃan'haj]